RECUEIL
DES PIECES
MISES AU THEATRE FRANÇOIS
Par M. LE SAGE.

TOME PREMIER.

A PARIS,

Chez JACQUES BAROIS Fils, Quay
des Augustins, à la Ville de Nevers.

M. DCC. XXXIX.

Avec Approbation & Privilege du Roy.

LE LIBRAIRE
AU LECTEUR.

Voici les Comédies que Monsieur le Sage a mises au Théâtre François. Il est à croire qu'il en auroit fait bien d'autres encore, si dans l'année 1709. il ne se fût pas brouillé avec les Comédiens, pour des raisons dont il est inutile de faire ici mention; mais s'il nous a privé de quelques Comédies qu'il auroit composées, il nous en a, ce me semble, assez dédommagés par les différens Ouvrages qu'il a donnés au Public.

LE
TRAITRE PUNI;
COMEDIE
En cinq Actes.

Cette piece, qui a pour titre en Espagnol, La Traicion busca el castigo, la Trahison cherche le châtiment, est de Don Francisco de Rojas. Je la traduisis en 1700 & la fis imprimer telle qu'elle est ici. M. Dancourt dans la suite la mit en vers & la donna au Théatre François sous le titre de la Trahison punie.

Tome I.   A

ACTEURS.

D. FELIX DE CABRERA, Gentilhomme de Valence.
LÉONOR, sa fille.
D. JUAN OSORIO, Amant de Léonor.
D. GARCIE DE TORELLAS, Cavalier amoureux de Léonor.
D. ANDRÉ D'ALVARADE, Cavalier amoureux de Léonor.
ISABELLE, sœur de D. Garcie, amie de Léonor.
INÈS, suivante de Léonor.
MOGICON, valet de D. André.
GALINDO, valet de D. Garcie.

La Scene est à Valence.

LE TRAITRE PUNI.
COMEDIE.

ACTE PREMIER.
La Scene est chez D. André.

SCENE I.
D. ANDRÉ. MOGICON.

MOGICON *fuyant D. André qui le suit pour le battre.*

AHI, ahi, ahi !

D. ANDRÉ.

Je te roüerai de coups, Maraud, si jamais tu t'avises....

MOGICON.

Doucement, Seigneur Don André, doucement.

D. ANDRE'.

Ou tu me prends pour un grand sot, ou tu me crois bien endurant.

MOGICON.

Pour endurant, non, vous me donnez tous les jours trop de marques du contraire.

D. ANDRE'.

Coquin, t'ai-je pris pour Conseiller ou pour valet ?

MOGICON.

Vous ne m'avez pris, je l'avoue, que pour vous servir, mais, croyez-moi, mon Maître, mes conseils vous sont aussi utiles que mes services. Avec tout le respect que je vous dois, vos mœurs ne sont pas irrépréhensibles & je crains....

D. ANDRE'.

Ne vas tu pas encore moraliser ? Oh ! je suis las d'un raisonneur comme toi, Je te donne ton congé.

MOGICON.

Est-ce un arrêt définitif ?

COMEDIE.

D. ANDRÉ.

Oui, je te chasse.

MOGICON.

Hé bien? Comptons-donc, s'il vous plaît.

D. ANDRÉ.

Comment compter ? Sçais-tu bien que tu m'as plus fatigué par ta morale que tu ne m'as satisfait d'ailleurs ? Tu m'en dois de reste, paye-moi toi-même l'ennui que tu m'as causé.

MOGICON.

Prenons un tempéramment pour nous accommoder tous deux. Puisque vous ne voulez pas que je moralise, permettez-moi donc de vous faire quelques questions sur votre conduite, qui sans contredit est curieuse & nouvelle.

D. ANDRÉ.

Ah ! j'y consens ; mais point de conseils, M. Mogicon.

MOGICON.

Vous aurez contentement. C'a, dites-moi pourquoi vous en contez à toutes les femmes que vous rencontrez. Vous cajolez depuis la plus-noble jusqu'à la grisette : les vieilles & les jeunes, tout vous est bon, les unes parce qu'elles ont de l'expérience, & les autres parce qu'elles n'en ont point.

D. ANDRE'.

Il est vrai que je me suis fait une habitude de paroitre amoureux de toutes les femmes que je vois; & que sans être épris d'aucune d'elles, je me conforme à tous leurs caracteres. J'appelle divinité celle dont la beauté me plaît, & pour m'insinuer dans l'esprit d'une laide, je lui dis qu'elle auroit beaucoup d'amans, si sa vertu ne les éloignoit d'elle.

MOGICON.

Que dites-vous à la sérieuse ?

D. ANDRE'.

Que je suis charmé de sa modéstie.

MOGICON.

Fort bien. Et vous badinez avec la badine.

D. ANDRE'.

Sans doute. J'éleve jusqu'aux cieux le mérite de la Vertueuse ; je l'aborde d'un air composé & je m'approche de la Coquette en petit Maître. Quelle majesté, dis-je à la Géante ! A la Petite, quelle gentillesse ! La Grosse est une femme qui inspire du respect par sa gravité. La Maigre est tout feu & la folle tout esprit.

MOGICON.

Je me mêle aussi quelquefois de donner de l'encensoir par le nez ; & je disois l'autre jour à une tampone, qui n'a point de taille, que c'étoit un vrai petit peloton de graisse.

D. ANDRE'.

Tu ne t'y prenois pas mal.

MOGICON.

Tout de bon ?

D. ANDRE'.

Assûrement.

MOGICON.

Vivat Mogicon... Mais, Seigneur Don André, quel vernis mettez-vous sur le front des Dames surannées ?

D. ANDRE'.

Je vante leur expérience. C'est ainsi que donnant aux défauts des noms favorables, je trompe toutes les femmes ; pendant que je conserve mon cœur libre, je me mocque des sottes qui m'aiment, & me ris de celles qui ne m'aiment pas.

MOGICON.

La chose étant comme vous la contez, je ne vous condamne plus tant. Il n'y a point de mal à cela. Cette occupation vaut bien celle de prendre du tabac en fumée. Il y a autant de solidité dans l'une que dans l'autre. Mais quel plaisir trouvez-vous à faire le galant d'une Dame que vous sçavez engagée avec un autre ? Que vous promettez-vous ?

D. ANDRE'.

Tout. Que tu connois peu le génie des femmes ! Elles ne sont jamais si prêtes à nous trahir, que quand nous les aimons de bonne foi. Le changement a des apas pour elles.

MOGICON.

Je sçai bien qu'il y en a dont le cœur & la tête tournent à tout vent comme une giroüette ; mais il en est aussi de moins changeantes & de vertueuses. Et ces dernieres ne sont pas plus que les autres à l'abri de vos galanteries.

D. ANDRE'.

J'en conviens.

COMEDIE.
MOGICON.

Si quelqu'une vous paroît favoriser les soins d'un Cavalier, dont elle a dessein de se faire un époux, vous ne manquez pas aussitôt de la coucher en joue. Si vous ne l'aimez pas, que ne la laissez-vous en repos ? Quel fruit tirez-vous de l'inquiétude que vous causez à son pauvre diable d'Amant ?

D. ANDRE'.

Je le rends jaloux. Je me fais un plaisir extrême de penser que par mes feints empressemens je mets la division entre l'Amant & la Maîtresse. Je me le représente qui jure, qui tempête & qui la bat même quelquefois.

MOGICON.

Oui, mais vous devez vous représenter aussi la Maîtresse qui se radoucit pour l'appaiser, qui le caresse & fait tous les frais de la réconciliation. Croyez-moi, leurs affaires n'en vont pas plus mal.

D. ANDRE'.

J'avoüe que leurs brouilleries ne font souvent que rendre leur amour plus vif.

MOGICON.

Plus vif, oui, plus vif, mais si en

vous donnant de pareils divertissemens, vous trouviez en votre chemin quelque jeune éventé qui fut aussi prompt à déguaîner qu'à prendre de la jalousie... hay ?

D. ANDRE'.

Nous nous battrions. Le grand malheur ! Est-ce que je ne me suis jamais battu ?

MOGICON.

Pardonnez-moi ; mais vous n'avez jamais été tué, & si cela vous arrivoit une fois....

D. ANDRE'.

Je cesserois de vivre ; mon pauvre Mogicon, nous sommes tous mortels. Ne faut-il pas mourir tôt ou tard ?

MOGICON.

La consolation est touchante.... *On frappe à la porte*... qui diable frappe à la porte si rudement ?

D. ANDRE'.

Va voir qui c'est.

MOGICON.

Il faut qu'on nous croye sourds.... Qui est là ?

(*Il ouvre la porte.*)

SCENE II.
D. ANDRÉ, D. GARCIE, MOGICON.

D. GARCIE *entrant.*

DON André d'Alvarade y est-il ?

MOGICON *lui montrant son Maître.*

Le voilà.

D. ANDRÉ.

Que vous plaît-il, Seigneur Cavalier ?

D. GARCIE.

Seigneur Don André, je voudrois vous parler sans témoins.

D. ANDRÉ.

Ce valet est discret & fidele, il ne doit point vous être suspect.

D. GARCIE.

Il s'agit d'une affaire d'honneur.

D. ANDRÉ.

Retire-toi, Mogicon.

MOGICON. *se retirant au bout de la chambre.*

Je vais demeurer ici. Je suis curieux d'entendre leur conversation.

D. GARCIE. *croyant Mongicon sorti.*

Je me nomme Don Garcie de Torellas. Vous sçavez de quel sang je sors. Je suis Cadet, & par conséquent peu riche, mais je suis estimé de la Noblesse qui m'a toujours vû ardent à m'exposer aux périls de la guerre & à mériter dans nos fêtes les applaudissemens du Public.

D. ANDRE'.

Vous avez beaucoup de mérite, j'en conviens ; mais quelle conséquence voulez-vous tirer de-là ?

D. GARCIE.

Ecoutez-moi, je vous prie. J'aime Léonor depuis mon enfance. J'en suis regardé favorablement, & il ne manque plus à mon bonheur que l'aveu de son pere que mon peu de fortune m'empêche d'obtenir. Comme nos maisons se joignent & que l'appartement de Léonor n'est séparé du mien que par une foible cloison, j'y ai fait une petite ouverture qu'une tapisserie cache & par où nous nous parlons tous les jours. Je vous confie ce secret important, Alvarade, ami ou ennemi, vous êtes noble, gardez-le moi, j'en charge votre honneur. Tout Valence instruit de mon amour semble le respecter : vous seul, Don André, feignant de l'ignorer, vous osez le traverser.

MOGICON. *bas.*

Je crains la fin de ce discours.

D. GARCIE.

Vous êtes l'argus de notre rüe. Dans quelque lieu que Léonor porte ses pas, vous la suivez comme son ombre. Outre cela, vous affectez de m'imiter en toutes choses. Je ne fais pas une démarche que je ne vous la voye faire dans le moment. Enfin, vous êtes le singe de mes actions & je crois que si je me perçois le sein de mon épée, vous seriez tenté d'en faire autant.

MOGICON, *bas.*

Oh ! pour cela non. Voilà ce que le singe ne feroit pas, sur ma parole.

D. GARCIE.

Il faut finir, Alvarade, la patience m'échappe ; & je vous déclare que si je vous vois paſſer & repaſſer encore ſous les fenêtres de Léonor, qui ne penſe point à vous, j'en ſçaurai tirer raiſon par les voyes de l'honneur. Souffrir plus longtems vos importunités, ſeroit une lâcheté; ne vous pas avertir de mes intentions, ſeroit un procédé peu régulier. Vous m'entendez. Déterminez-vous la-deſſus. Je vous laiſſe y rêver à loiſir.

(*Il ſort.*)

D. ANDRÉ *allant après lui.*

Arrêtez, Don Garcie; je ſuis tout prêt à vous faire raiſon, pourquoi remettre à un autre tems ?

MOGICON *le retenant.*

Ne le ſuivez pas, Seigneur Don André, vous feriez la même choſe que lui.

SCENE III.

D. ANDRÉ. MOGICON.

D. ANDRÉ.

J'AI cru d'abord qu'il me cherchoit pour un autre ſujet qui m'auroit bien plus embarraſſé,

COMEDIE.

MOGICON.

Bien plus ? ma foi, je n'en crois rien.

D. ANDRÉ.

Je craignois qu'il ne vînt me défendre de voir sa sœur Isabelle, à qui je fais l'amour, & dont je suis écouté.

MOGICON.

Puisque sa sœur vous aime, vous devriez cesser de poursuivre sa Maîtresse.

D. ANDRÉ.

Et pourquoi, Fat ?

MOGICON.

Ah ! il est vrai que ce seroit faire une action sensée ; donnez-vous en bien de garde.

D. ANDRÉ.

Don Garcie souhaite que je le laisse en repos ; cela suffit pour m'engager à le tourmenter. Oui, Mogicon, quand je serois dégouté de Leonor, les chagrins d'un Rival me donneroient un nouveau goût pour elle.

MOGICON.

Des sentimens si raisonnables ne

16 LE TRAITRE PUNI.
peuvent manquer d'avoir une bonne fin.

D. ANDRE'.

Je n'y sçaurois que faire. Dès ce moment je brûle pour Léonor ; je ne suis plus occupé que de Léonor.

MOGICON.

Paix. Voici son pere qui vient nous visiter. Vous verrez que le vieux Penard trouve aussi à redire à notre façon de vivre.

SCENE IV.

D. ANDRE', MOGICON, D. FELIX.

D. FELIX.

Seigneur Don André.

D. ANDRE'.

Vous chez moi, Seigneur Don Felix ! Que votre présence me cause de joye ! Quel sujet me procure l'honneur de vous voir.

D. FELIX.

Faites éloigner ce Valet.

MOGICON

COMEDIE.

MOGICON.

Que diable leur ai-je fait ? Ils se défient tous de moi.

D. ANDRE' *à Mogicon.*

Donne-nous des Siéges, & laisse-nous.

MOGICON *bas donnant des Siéges.*

Parbleu ! Si celui-ci vient aussi nous quereller, ce sera du moins plus doucement.

D. FELIX *Assis, regarde derriere lui & voit Mogicon.*

Tu ne t'en vas pas.

MOGICON.

Pardonnez-moi... *bas*... La peste te créve, maudit Vieillard. Mais je t'attrapperai bien : car je vais écouter de la porte.

(*Il va se mettre auprès de la porte pour écouter.*)

D. FELIX.

Vous me connoissez.

D. ANDRE'.

Parfaitement.

D. FELIX.

Vous sçavez que je me nomme

D. ANDRÉ.

Don Felix.

D. FELIX.

Que ma maison est...

D. ANDRÉ.

Cabrera, une des premieres de Valence.

D. FELIX.

Que mon bien...

D. ANDRÉ

Est très-considérable.

D. FELIX.

Vous sçavez que le Ciel m'a donné pour la consolation de mes vieux ans une fille unique qui est belle...

D. ANDRÉ.

Plus belle que le jour.

D. FELIX.

Bienfaite, spirituelle, & douée de...

D. ANDRÉ

De toutes les bonnes qualités du corps & de l'esprit.

D. FELIX.

Puisque tout cela vous est connu, je m'étonne que vous en usiez comme vous faites avec moi. Vous passez les nuits entieres sous les fenêtres de Léonor, comme si vous cherchiez à vous introduire dans ma maison. Quel est votre dessein ? Vous ne regardez pas, je crois, ma fille sur le pied de galanterie ; vous connoissez trop sa vertu & ma noblesse. D'un autre côté, vous ne m'en faites pas la demande. Que puis-je penser de ce procedé ? On vous a dit peut-être que je l'ai accordée aux vœux d'un Gentilhomme de Tolede, & cela est véritable. J'attends ce Cavalier de jour en jour ; mais, Alvarade, si c'est cette raison qui vous empêche de vous déclarer dans les formes, je veux bien avoir égard à cette discrétion en vous épargnant tous les pas que la bienséance & l'usage veulent que vous fassiez. En un mot, je romprai l'engagement où je suis avec un autre, & je vous offre Léonor... vous ne me répondez point. La proposition que je vous fais, vous déplairoit-elle ? Parlez.

D. ANDRE' *se levant brusquement.*

Je suis un grand sot de vous écouter avec tant de patience.

D. FELIX.

Que dites-vous, Alvarade?

D. ANDRE'.

Vous parlez de mariage à l'homme du monde qui l'a le plus en horreur.

D. FELIX *se levant*.

Je vous entends, D. André; l'outrage est violent. Vous m'insultez chez vous, mais..

D. ANDRE'.

Oh! Mais ceci ne doit point tourner en querelle, s'il vous plaît. Je vous honore infiniment, Seigneur Don Felix; j'estime Léonor; mais pour l'épouser, je suis son très-humble serviteur.

D. FELIX.

Don Garcie de Torellas n'a pas moins de mérite que vous.

D. ANDRE'.

Qui vous dit le contraire?

D. FELIX.

Cependant j'ai refusé ma fille à ses vœux; & vous traitant plus favorablement...

D. ANDRE'.

C'est à Don Garcie à vous remercier

de vos refus ; pour moi, je n'ai que des plaintes à vous faire de me proposer une femme.

D. FELIX.

Quel entêtement !

D. ANDRÉ.

Quelle persécution !

D. FELIX.

N'aurai-je point d'autre réponse de vous ?

D. ANDRÉ.

Celle-là est assez précise.

D. FELIX.

Promettez-moi du moins que vous cesserez d'importuner ma fille.

D. ANDRÉ.

Je vous le promettrai, si vous voulez, mais je ne vous tiendrai pas peut-être exactement parole.

D. FELIX.

C'en est trop, Alvarade. Vous me poussez à bout... Craignez que mon honneur offensé ne punisse votre audace.

D. ANDRÉ.

Vous me ferez tout ce qu'il vous

plaira, pourvû que vous ne me mariez point.

D. FELIX.

Sçachez qu'il est des vengeances pour des procedés de cette nature.... Tenez-vous sur vos gardes.... (*Il sort.*)

D. ANDRÉ.

Et vous, sur vos bequilles.

SCENE V.

D. ANDRÉ, MOGICON.

MOGICON.

Enfin, le Vieillard est sorti : il remporte vraiment une réponse bien satisfaisante.

D. ANDRÉ.

Mogicon ?

MOGICON.

Seigneur.

D. ANDRÉ.

Il vouloit me marier, moi, moi !

MOGICON.

Bon il avoit bien trouvé son homme. Aussi vous l'avez relancé !

COMEDIE.
D. André.
Tu nous as donc écoutés?
Mogicon.
Oubliez-vous que je suis Valet? Hé-bien, qu'allez-vous faire à présent? Continuerez-vous d'assiéger une place dont on va probablement augmenter les fortifications.
D. André.
Je vais, n'en doutes pas, mettre de nouveau l'allarme au quartier, faire plus que jamais le passionné de Léonor; les obstacles m'encouragent au lieu de me rebuter.
Mogicon.
Vous avez raison. Les difficultés sont la rocambolle de l'amour. Je suis de votre goût; je fais peu de cas d'une conquête aisée. Il faut pour me piquer que la Dame s'écrie en baissant la voix: prenez garde, mon cher; ma mere nous a vûs; mes freres me soupçonnent; la voisine en cause; mon mari pourra nous surprendre. Voilà ce qui rappelle son bûveur. Mais lorsque chez la Belle je n'ai aucun sujet de crainte, je m'ennuye, je baille, je m'endors.

LE TRAITRE PUNI.

D. ANDRÉ.

Je commençois à n'aimer plus Léonor ; mais Don Garcie & Don Felix ont rallumé mes feux. Je vais employer tous mes soins à causer de nouvelles frayeurs au pere & à désesperer mon rival.

MOGICON.

L'entreprise est héroique & digne de vous ; mais Seigneur Don André, bon pied, bon œil. Ce Don Garcie m'a paru terriblement hargneux ; & d'ailleurs Don Felix est redoutable. Ces vieux routiers sont de dangereux ennemis. Un coup d'Arquebuse est bientôt lâché par une lucarne.

D. ANDRÉ.

Voilà de tes frayeurs ordinaires. Le poltron !... Suis-moi sans raisonner davantage... Mais quel fâcheux vient ici me retenir à contre-tems ?

SCENE VI.

SCENE VI.
D. ANDRÉ, MOGICON, D. JUAN.

MOGICON.

C'eſt Don Juan Oſorio, ou je meure.

D. ANDRÉ.

Que vois-je ? Don Juan à Valence ! Ma joye eſt extrême de vous embraſſer. *(Ils s'embraſſent.)*

D. JUAN.

Et la mienne ne peut s'exprimer... Ami, Mogicon, me reconnois-tu bien encore ?

MOGICON.

Comme la ſignature de mon pere, quand il m'envoye de l'argent.

D. JUAN.

Tu es toujours gaillard.

MOGICON.

La joye eſt la mere nourrice de la ſanté.

D. André.

Vous avez donc quitté le service de Flandres?

D. Juan.

C'en est fait, je quitte les drapeaux de Mars pour suivre une autre milice.

D. André.

Je ne vous entends point.

D. Juan.

Je vais m'expliquer plus clairement. Il y a environ deux mois que mon pere m'écrivit de Tolede qu'il m'avoit avantageusement marié à Valence par l'entremise de ses amis. Il m'envoya le portrait de la personne qu'il me destinoit, & j'en fus si content, que je ne pensai plus qu'à obtenir mon congé. L'ayant obtenu je m'embarquai à Dunquerque & vins descendre à la Corogne, d'où prenant le chemin de Madrid, je me suis rendu ici en diligence. Je m'y suis tenu caché pendant deux jours, pour m'informer des mœurs de la personne que je dois épouser. J'ai découvert qu'elle est servie par deux Cavaliers égaux en naissance & en mérite, & dont elle n'a jusqu'ici payé les soins que d'indifférence. Cette découverte m'a fait tant de plaisir, que je suis dans la résolution de hâter mon bonheur.

D. ANDRE'.

Le Ciel m'est témoin, Don Juan, que j'ai de la joye de vous revoir ; mais je ne puis apprendre sans douleur que vous vous mariez.

D. JUAN.

Arrêtez, Alvarade, vous êtes toûjours le même. Je ne viens pas vous demander conseil sur mon mariage : mon parti est pris.

D. ANDRE'.

Peut-on sçavoir le nom de cette Beauté, que vous allez si joyeusement épouser ?

D. JUAN.

Vous le sçaurez bientôt, puisque je prétends vous mener chez elle.

D. ANDRE'.

Vous me direz du moins qui sont les deux galans dont elle récompense si mal la tendresse.

D. JUAN.

Je ne le sçais point encore. On n'a

pû me les nommer ; mais je ne tarderai gueres à les connoître. En attendant j'ai une priere à vous faire : laissez-moi difpofer de Mogicon jufqu'au retour d'un Valet que je fis partir il y a trois jours, pour aller porter de mes nouvelles à mon pere, que je n'ai point vû depuis fix ans, & qui eft à vingt lieuës d'ici.

D. ANDRE'.

Mogicon, va fervir le Seigneur Don Juan.

MOGICON,

Volontiers. C'eft une fufpenfion de foufflets & de coups de pieds au cul.

D. JUAN.

Ami Mogicon, avec la permiffion du Seigneur Don André, va voir à l'Hôtellerie des trois Rois fi mon Valet n'eft point encore arrivé. J'irai bientôt t'y joindre pour te charger d'une commiffion plus importante.

MOGICON.

J'y vais attendre vos ordres.

SCENE VII.
D. JUAN. D. ANDRÉ.

D. ANDRÉ.

HE'bien, nous allons donc nous marier ? La chose est résolüe.

D. JUAN.

Ainsi le veut mon étoile.

D. ANDRÉ.

Sans vous offenser, notre ami, vous avez une sotte étoile.

D. JUAN.

Pour vous, Alvarade, vous avez plus que jamais le bizarre entêtement de ne vouloir rien aimer.

D. ANDRÉ.

Moi ! j'aime une Dame.

D. JUAN.

Vous m'étonnez ; Eh ! comment avez-vous pû vous résoudre à encenser les autels de l'Amour ?

D. ANDRÉ.

C'est parce qu'on veut me contraindre à ne pas aimer cette Dame.

D. JUAN.

C'est moins amour que caprice.

D. ANDRE'.

Ce sera tout ce que vous voudrez.

D. JUAN.

Ne sçaurai-je point le nom de cette heureuse mortelle?

D. ANDRE'.

Je vous l'apprendrai quand vous m'aurez fait connoître le charmant objet de vos amours.

D. JUAN.

Je vous prie de m'attendre ici jusqu'à ce que j'aye envoyé Mogicon chez mon Beau-pere. Je reviens vous prendre dans un moment. Adieu, cher ami.

D. ANDRE'.

Je me pique de l'être & le plus fidele de tous.

D. JUAN.

Veüille le Ciel.....

D. ANDRE'.

Le Ciel permette.....

COMÉDIE.

D. JUAN.

Que je vous voye bientôt amoureux.

D. ANDRE'

Que je vous voye bientôt veuf.

D. Juan s'en va.

SCENE VIII.

D. ANDRE' *seul.*

IL vient, dit-il, épouser une fille de qualité qui a deux amans..... Si c'étoit Léonor..... mais non, je ne puis le croire..... Il y a sans doute à Valence bien d'autres filles dans le même cas..... Cela ne laisse pas de m'embarrasser. J'attends avec impatience que Don Juan soit revenu..... Je vais au-devant de lui pour être plûtôt éclairci de la vérité.

Fin du premier Acte.

ACTE SECOND.

La Scene est dans l'appartement de Léonor.

LEONOR, ISABELLE, INE'S.

LEONOR.

ENtrez, ma cher Isabelle,... Ines, que cet importun me fatigue! As-tu fermé la porte de la rue?

INE'S.

Oh! je n'y ai pas manqué.

LEONOR.

Ferme aussi ces fenêtres.... Faut-il que j'aye encore ce chagrin!

ISABELLE.

Qu'avez-vous Léonor? Ne sçaurai-je point ce qui vous agite ainsi?

LEONOR.

Ce n'est rien.

ISABELLE.

Vous dissimulez. N'entre-t-il pas en tout ceci un peu d'amour?

COMEDIE.

LEONOR.

Au contraire c'est, aversion toute pure. Ma mauvaise étoile m'a pourvûe d'un amant de garde qui assiége sans cesse mes fenêtres & qui me suit partout. J'ai beau le maltraiter de cent manieres différentes, il ne se rebutte point. Il persiste à m'aimer autant que je le hais.

ISABELLE.

J'avoüe que cela impatiente à la fin.

LEONOR.

Vous me paroissez triste.

ISABELLE.

Je vous trouve rêveuse.

LEONOR.

Dites-m'en la cause, Isabelle?

ISABELLE.

Ayez de la confiance en moi, Léonor.

LEONOR.

Mon cœur n'est pas content.

ISABELLE.

Le mien ressent mille allarmes.

LEONOR.

Mon Pere exerce sur moi toute la

rigueur de son autorité. Il me marie contre mon inclination.

ISABELLE.

Mon frere s'oppose à mes désirs. Il me défend d'écouter un Cavalier pour qui je me sens du penchant.

LEONOR.

Vous n'ignorez pas que j'ai du goût pour Don Garcie votre frere.

ISABELLE.

Et vous sçaurez que je soupire pour Don André.

LEONOR.

Don André d'Alvarade?

ISABELLE.

Lui-même.

LEONOR.

Je crains, ma chere, que vous ne vous soyez abusée.

ISABELLE.

Pourquoi donc?

LEONOR.

C'est que ce Cavalier est amoureux....

ISABELLE.

... De qui?

COMEDIE.

LEONOR.
De moi.

ISABELLE.
Léonor, croyez-moi, ne faites pas trophée de cette conquête : Alvarade ne brule que pour moi.

LEONOR.
C'est pourtant lui qui est cet amant de garde dont je me plains. C'est pour lui que je fais fermer ma porte & mes fenêtres avec tant de soin.

ISABELLE.
Ah ! je vais vous dire ce qui a causé votre erreur : comme nos maisons se joignent, vous vous imaginez qu'il regarde vos fenêtres, lorsqu'il n'a d'attention que pour les miennes.

LEONOR.
Oh ! persuadez-vous, si vous voulez, qu'il n'en veut qu'à vous.

ISABELLE.
Flatez-vous, j'y consens, que vous seule l'occupez.

LEONOR.
Vous êtes donc bien sûre de votre fait ?

ISABELLE.

Je ne crois pas en devoir douter : puisque j'aime Don André, j'en suis aimée.

LEONOR.

La certitude est merveilleuse. Reconnois ton erreur, ma pauvre Isabelle, c'est moi qu'il aime pour mes péchés.

ISABELLE.

C'est moi, te dis-je ; pour t'en convaincre, aprens que Don Garcie allarmé de la passion d'Alvarade veut lui défendre notre rue.

LEONOR.

Ne vois-tu pas que ton frere est jaloux de Don André ?

ISABELLE.

Mais si mon frere te plaît, que te doit importer qu'Alvarade ait des desseins sur moi ?

LEONOR.

Il ne m'importe en aucune façon. Je te l'abandonne volontiers.

ISABELLE.

Tu n'y prends donc plus d'intérêt ?

COMEDIE.

LEONOR.

Au contraire, je suis fatiguée de ses empressemens.

ISABELLE.

Pourquoi t'es-tu donc fâchée?

LEONOR.

Pourquoi m'as-tu dit qu'il ne faisoit attention qu'à tes fenêtres?

ISABELLE.

Et bien pour t'appaiser, je te dirai seulement que j'aime Don André.

LEONOR.

Nous sommes d'accord. Plains-moi, ma chere : mon pere me destine pour époux un Cavalier de Tolede, & je ne puis chasser Don Garcie de mon cœur.

SCENE II.

LEONOR, ISABELLE, INE'S, D. GARCIE.

INE'S *arrêtant à la porte Don Garcie qui veut entrer.*

SEigneur Don Garcie.

D. GARCIE.

Laisse-moi entrer, Inés.

INE'S.

Qu'allez-vous faire ?

D. GARCIE *entrant par force.*

Laisse-moi, te dis-je, tes efforts sont superflus.

INE'S.

Madame, Madame, il a forcé la garde, je vous en avertis. Ces pestes d'amans sont des animaux bien vifs.

LEONOR.

Arrêtez, Don Garcie, quelle est votre audace ? Vous perdez le respect.....

D. GARCIE *se jettant aux genoux de Léonor.*

Pardonnez, divine Léonor, je viens

vous prier à genoux d'être touchée de mon désespoir. Essayez de fléchir votre pere en lui découvrant vos sentimens: peut-être qu'il s'attendrira quand il verra couler vos larmes. Une seule seroit capable de désarmer le plus cruel ennemi.

LEONOR.

Hélas!

INE's *effrayé*,

Madame.

LEONOR.

Qu'y a-t-il?

INE's.

Tout est perdu; votre pere vient ici.

LEONOR.

A-t-il vû entrer Don Garcie?

INE's.

Je ne sçai. Où se cachera-t-il?

LEONOR.

Il ne faut pas qu'il se cache.

ISABELLE.

D'où vient Léonor? Il me semble qu'il vaudroit mieux qu'il ne parût pas.

LE TRAITRE PUNI.

LEONOR.

Non, non, ce seroit rendre mon innocence suspecte. Inés, tiens la porte ouverte.

D. GARCIE.

Quel embarras !

ISABELLE.

Ouvrez-lui ce cabinet.

LEONOR.

Je n'en ferai rien.

SCENE III.

LEONOR, ISABELLE, DON GARCIE, INES, DON FELIX.

D. FELIX.

Bonnes nouvelles, ma fille ; Je viens vous apprendre..... Mais que vois-je ? Don Garcie dans cet appartement !

D. GARCIE.

Seigneur, je viens d'entrer ; une affaire pressante me fait chercher ici ma sœur.

Je

COMEDIE.

D. FELIX.

Je suis bien aise de vous y trouver. Vous allez voir que je ne néglige pas les soins qu'exige de moi mon honneur. Je veux marier Léonor dès ce jour.

D. GARCIE.

Que dites-vous, Seigneur !

D. FELIX.

Que vous n'aurez plus rien à désirer.

LEONOR *bas*.

Qu'entens-je !

D. GARCIE *bas*.

Quel bonheur ! Don Felix apparemment a connu la violence de mes feux ; il en aura craint les conséquences.

D. FELIX.

Préparez-vous, Léonor à donner votre cœur & votre main.

LÉONOR.

Seigneur, vous me ravissez, en me choisissant pour époux celui que.....

D. GARCIE.

Souffrez que je laisse éclater ma

joye, & que je vous assure d'une éternelle reconnoissance.

D. FELIX.

Il n'en est pas besoin. Vous ne devez pas l'un & l'autre me remercier d'une chose que je fais pour ma propre satisfaction.

INE'S *bas*.

Je crois qu'il ne s'entendent pas.

SCENE IV.

D. FELIX, D. GARCIE, LEONOR, ISABELLE, INE'S, MOGICON.

MOGICON.

SAlut ; Don Juan Osorio, par moi digne substitut de son valet, vous demande, Seigneur Don Felix, la permission de venir prendre en bonne & dûe forme possession de la loyale épouse que vous lui gardez.

D. FELIX.

J'ai déja dit qu'on le fît entrer.

LEONOR *bas*.

Juste Ciel !

COMÉDIE.

D. GARCIE *bas.*

Un coup plus acablant pouvoit-il fraper mes esprits!

SCENE V.

D. FELIX, D. GARCIE, D. JUAN, D. ANDRE', LEONOR, ISABELLE, INE'S.

D. FELIX.

SOyez le bien venu, Seigneur Don Juan. Je suis ravi de vous embrasser.

D. JUAN.

Quels termes peuvent exprimer, Seigneur, le ressentiment que j'ai de vos bontés.

D. FELIX.

Votre recherche me fait honneur... *lui présentant Léonor....* Voilà ma fille.

D. JUAN *à Léonor.*

Recevez, Madame, mes premiers hommages. Que ne dois-je point aux amis de mon pere de m'avoir fait un si beau choix ? J'y souscris avec toute l'ardeur dont je suis capable. Votre portrait a fait une forte impression sur moi & votre vûe acheve de me rendre le plus amoureux des hommes.

LÉONOR.

Cessez de me prodiguer des douceurs. Je connois mes défauts, & je n'espere pas qu'ils échappent à des yeux aussi pénétrans que les vôtres.... *bas*.... que je sçai mal cacher les peines que je ressens!

D. FELIX *à Don André.*

Quelle est votre audace, Alvarade, de venir chez moi ? Qui vous amene ici ?

D. JUAN.

C'est moi, Seigneur.

D. FELIX.

Mais sçachez que Don André......

D. JUAN.

C'est le meilleur de mes amis.

D. FELIX.

A voulu...

D. JUAN.

M'empêcher de me marier. Il est vrai. Il voit avec peine que ses amis subissent le joug de l'hymenée.

COMEDIE.

D. FELIX.

Brisons-là ; ma fille, donnez votre main au Seigneur Don Juan.

D. ANDRÉ *bas*.

Cache, mon cœur, la fureur jalouse qui te possede.

LEONOR *bas*.

Quelle tyrannie !

D. JUAN *à Léonor*.

Qui vous retient, Madame ?

D. GARCIE, *bas*, *se tournant pour ne pas voir Léonor donner sa main à Don Juan*.

J'attends le coup de la mort.

ISABELLE *bas*.

Que je les plains !

INÈS *bas à Léonor*.

Allons, Madame, il faut vous tirer de ce mauvais pas.

LEONOR *donne sa main à Don Juan ; mais dans son trouble elle nomme Don Garcie*.

bas.... Je te perds, cher amant ! Quelle rigueur !.... *haut*.... Voici ma main, Seigneur Don Garcie.

D. JUAN *bas*.

Que viens-je d'entendre, juste ciel ! Dissimulons.

D. FELIX *bas.*

Qu'as-tu dit, fille insensée ?

LEONOR *bas.*

Helas ! mon cœur a passé sur mes lévres.

D. GARCIE *sortant.*

Sortons, ma sœur, *bas*. Elle est perdüe pour moi. Je vais l'oublier, si je puis.

INES.

Voila un commencement de nôces bien triste.

D. FELIX.

Allons, Léonor, Don Juan, entrons dans mon appartement.

D. JUAN.

Je vous suis.... *bas*... Comment sortir de cet embarras ?

D. ANDRE' *bas.*

Je veux l'aimer, quoiqu'il m'en puisse arriver.

SCENE VI.

D. ANDRÉ, D. JUAN.

(D. Juan & D. André demeurent tous deux rêveurs chacun de son côté.)

D. JUAN *à part.*

IL est sorti de sa bouche un autre nom que le mien ! Ah ! Sans doute j'ai toute son aversion, & Don Garcie a toute sa tendresse.

D. ANDRÉ *à part.*

La bévûë de Léonor lui fait faire des réfléxions un peu ameres. De mon côté, je ne suis pas tranquile. Retirons-nous & dérobons mon trouble à ses yeux.... *haut*... Adieu, cher ami, nous nous reverrons.

D. JUAN.

De grace, arrêtez. J'ai besoin de conseil.

D. ANDRÉ.

Déja ?

D. JUA .

Oüi, je l'avoüë.

D. ANDRE'.

C'est-à-dire que vous vous repentez de votre mariage.

D. JUAN.

Je ne me connois gueres dans l'état où je me trouve.

SCENE VII.

D. JUAN, D. ANDRE', MOGICON.

MOGICON à D. Juan.

Bertrand votre Valet vient d'arriver.

D. JUAN.

Il m'apporte des nouvelles de mon pere.

MOGICON *lui présentant une lettre.*

En attendant qu'il ait terminé une petite affaire qui le retient à l'Hôtellerie, il m'a chargé de vous rendre cette lettre.

D. JUAN *prenant la lettre.*

Elle est de mon pere, voyons ce qu'elle contient.

(Il ouvre la lettre, la lit tout bas, & en la lisant il paroit étonné & affligé tout ensemble.

Toutes sortes de malheurs m'arrivent en même-tems.

D. ANDRE'.

Apprenez-vous quelque mauvaise nouvelle ?

D. JUAN.

Mon pere se meurt.

D. ANDRE'.

D. Juan je compatis à votre douleur. Le coup est rude, je l'avoue ; mais que faire, il faut prendre son parti avec courage.

D. JUAN.

Que vous parlez bien, Alvarade, en homme qui ne sent gueres les mouvemens de cette affection qu'un fils doit à son pere : pour moi, qui ai reçu du mien mille marques de tendresse, je sens vivement le danger où il est. Le tems presse ; je vais essayer de contribuer par mes soins au rétablissement de sa santé.

D. ANDRE'.

Vous allez donc partir ?

Tome I. E

D JUAN.

C'est une nécessité ; l'amour même ne peut m'en dispenser. L'ennui que le Bonhomme a souffert de ma longue absence, est peut-être la cause de sa maladie. Quelle dureté ne seroit-ce point à moi de lui refuser la consolation de m'embrasser pour la derniere fois ? Et que sçait-on si la joye qu'il aura de me voir, ne pourra pas ranimer un reste de vie prêt à s'éteindre ?

MOGICON.

Cela n'est pas impossible, Seigneur Don Juan ; car j'ai oui dire à un vieux Médecin d'Alcala, que les tendresses d'un fils reconnoissant adoucissent les maux d'un pere malade.

D. JUAN.

Enfin, Don André, je me détermine à partir tout à l'heure, mais avant mon départ, je veux une preuve de votre amitié.

D. ANDRE'.

Parlez, il n'y a rien que je puisse vous refuser.

D. JUAN.

Mogicon, Laisse-nous seuls.

SCENE VIII.
D. JUAN, D. ANDRÉ.

D. JUAN.

JE viens de recevoir la foi de Léonor & de lui donner la mienne : peut-être ai-je mal fait ; mais la chose est trop avancée pour m'en dédire. Je vais à l'Autel achever mon hymen, & je partirai le moment d'après pour aller remplir les devoirs du sang. Je laisse donc ici mon Epouse ; & ce qui perce mon cœur de la plus vive douleur, je la laisse prévenuë pour un autre. D. Garcie ne manquera pas de chercher à profiter de mon absence. Alvarade, je crains un rival aimé. Vous êtes le meilleur de mes amis, je mets entre vos mains mon honneur & le repos de ma vie.

D. ANDRÉ.

Parbleu, notre ami, vous me donnez une bonne commission. J'aimerois mieux défendre seul un poste contre une armée entiere, que de garder une femme : cela me paroît moins difficile. Quand les femmes ont naturellement la volonté portée au mal, vous sçavez bien que tous les surveillans du monde ne pourroient empêcher leur vertu de faire des éclipses.

D. JUAN.

J'en conviens ; mais Léonor est vertueuse, & je croirois lui faire une injure, si j'avois une autre pensée. Cependant comme il n'y a point de difficultés, dont une constante poursuite ne puisse venir à bout ; veillez sur Don Garcie, & surtout retranchez-lui par votre vigilance les occasions de parler à Léonor.

D. ANDRE'.

Pour D. Garcie, ne vous en embarrassez pas, je vous rendrai bon compte de ses actions.

D. JUAN.

Je puis donc me reposer sur vos soins ?

D. ANDRE'.

Oh ! Pour cela oüi.

D. JUAN.

Adieu, cher ami, le Ciel veuille les favoriser.

D. Andre' *bas.*
Je le souhaitte plus que toi.

SCENE IX.

D. ANDRE' *seul.*

Oui, oüi, j'observerai Léonor; n'en doute nullement. Je sens que je ne suis plus maître de moi. L'amour de Don Garcie irrite le mien; & le bonheur prochain de Don Juan excite dans mon ame une fureur, qui me rend capable de tout entreprendre.
(*Il tombe dans une profonde rêverie.*)

SCENE X.

D. ANDRE', MOGICON.

Mogicon.

LE Seigneur Don Juan va donc partir, & laissant Léonor sur la bonne bouche .. (*appercevant son Maître.*) Mais je vois D. André rêveur. C'est du fruit nouveau. Seroit-il devenu amoureux tout de bon ?

D. ANDRE' *rêvant.*

Abuserai-je de la bonne foi d'un ami ? Pendant qu'il me croit attentif à la conservation de son honneur, dois-je penser à le lui ôter ? Mais que dis-je à le lui ôter ? N'aimois-je pas Léonor avant qu'il songeât à l'épouser. C'est lui qui me trahit, qui me fait une infidélité en m'enlevant une Maitresse.

MOGICON *bas.*

Léonor lui tient au cœur. Je crois qu'il se repent de l'avoir refusée, mais la balle est perduë pour lui.

D. ANDRE' *rêvant.*

Qu'aucun scrupule ne me retienne donc plus. Faisons ce que mon amour m'inspirera.

MOGICON *abordant son Maître.*

C'est bien dit, Seigneur Don André, poussez votre pointe.

D. ANDRE' *soupirant.*

Ahi !

MOGICON.

Vous avez bienfait de laisser sortir ce soupir ; il alloit vous étouffer.

COMEDIE.

D. ANDRÉ.

Je soupire, il est vrai, Mogicon. Les sentimens qui m'agitent.., mais je ne prends pas garde que je pourrois ici être entendu. Suis-moi, j'ai quelques ordres à te donner.

MOGICON.

Ma foi, je crains les suites de cet amour qu'il se met en tête. Il a l'humeur violente, les mœurs fort corrompues. Il fera, j'en suis sûr, quelque sottise; & moi je payerai peut-être les pots cassés.

Fin du second Acte.

ACTE TROISIE'ME.

SCENE I.
D. FELIX, D. JUAN, LEONOR.

D. Felix.

Vous ne pouvez donc vous dispenser de partir.

D. Juan *lui présentant une Lettre.*
Jugez-en vous-même par cette Lettre que mon pere m'a écrite.

D. Felix *ouvre la Lettre & lit.*

LETTRE.

Mon cher fils, Bertrand m'a appris votre retour. Je n'attends que l'heure de sortir de ce monde. Hâtez-vous de vous rendre auprès de moi, si vous voulez recevoir mes derniers embrassemens. Je mourrois content si je pouvois avoir cette consolation.

D. Alvar Osoric.

J'approuve votre départ, Don Juan, & je me ferois un scrupule de vous arrêter plus longtems. Allez vous acquitter des obligations que le sang & la reconnoissance vous imposent. Puissiez-vous, mon gendre, faire un heureux voyage, & rendre par votre présence la santé à un pere qui vous est si cher. Je vous laisse faire en liberté vos adieux à ma fille.

Il embrasse D. Juan & sort.

SCENE II.
LEONOR, D. JUAN, INES.

D. JUAN.

JE vous quitte, belle Léonor, le sort me condamne à cette dure séparation; & ce qui acheve de me désespérer, je pars accablé de votre haine. J'en ai trop vû pour n'en être pas persuadé.

LEONOR.

Les apparences nous abusent souvent; il ne faut pas toujours les croire.

D. JUAN.

Votre trouble & l'inquiétude qui paroît dans vos yeux, peuvent-ils m'abuser ?

LEONOR.

Attribuez-les à votre absence.

D. JUAN.

Non, non, votre froid accueil m'a d'abord annoncé mon malheur, & votre bouche, Madame, ne me l'a que trop confirmé.

LEONOR.

Est-il nouveau que la bouche prononce un nom pour un autre ?

D. JUAN.

Non, quand elle suit les mouvemens du cœur.

LEONOR.

Quel tort vous font ces mouvemens, si le devoir & la vertu sçavent les réprimer ?

D. JUAN.

L'honneur n'en prend point d'allarmes, mais le cœur en gémit.

LEONOR.

Demeurons-en là, Don Juan ; vos

momens font trop chers pour les perdre en vains difcours.

D. JUAN.

Ah ! cruelle vous contez les inftans que vous paffez avec moi. En me repréfentant mon devoir, vous me faites connoître ce que j'ai à craindre.

LEONOR.

Vous outrez les chofes, Don Juan. Je n'ai pas pour vous les fentimens que vous vous imaginez; & fi mon cœur vous a paru pencher vers un autre, vous devez fonger que j'ai de la vertu.

D. JUAN.

C'eft ce qui fait mon défefpoir. Si je vous croyois fans vertu, je cefferois bientôt de vous aimer..... Mais il faut finir un entretien qui m'attendrit & qui vous gêne. Adieu, Madame.

SCENE III.
LEONOR, INÈS.

INÈS.

EN vérité, Madame, je suis touchée de son malheur. Son mérite devoit lui procurer une meilleure fortune.

LEONOR.

Je le plaindrois aussi beaucoup, si je ne me sentois encore plus à plaindre que lui.

INÈS.

Eh ! peut-on être plus malheureux que ce Cavalier ? A peine a-t'il reçu votre portrait, qu'il part de Bruxelles comme une éclair ; il arrive à Valence, & lorsque plein d'ardeur il s'apprete à vous épouser, il apprend de votre propre bouche que vous avez du gout pour un autre. N'est-il pas bien payé de sa diligence ?

LEONOR.

Je suis encore, te dis-je, dans une situation plus triste que la sienne. L'in-

COMEDIE.

vincible penchant qui m'entraîne vers Don Garcie, me rend Don Juan odieux; & cependant il faut que je combatte sans cesse mes sentimens: Don Juan du moins possede l'objet de ses vœux, & moi, je perds pour jamais ce que j'aime.

INÉS.

Don Garcie de son côté n'est pas dans un état moins déplorable que vous. Il me fait pitié. *entendant fraper à la cloison.* Mais si je ne me trompe, il vient de fraper à la cloison.

LEONOR.

Retirons-nous, Inés, je dois l'oublier.

INÉS.

D'accord; mais en attendant, approchons-nous de la cloison.

LEONOR *voulant s'en aller.*

Non, Inés, je ne veux plus lui parler. Je suis femme de Don Juan.

INÉS *la retenant.*

Le pauvre garçon ! Vous le ferez mourir, si vous ne lui répondez.

LEONOR.

Que veux-tu que je lui dise ?

62 LE TRAITRE PUNI.

INE'S *entendant fraper à la porte.*

Commé il frappe ! Il se donne sans doute de la tête contre le mur.

LEONOR *s'approchant de la cloison.*

Qui frappe ?

SCENE IV.
LEONOR, INE'S, ISABELLE
qu'on ne voit pas.

ISABELLE *que l'on ne voit pas.*

C'Est Isabelle.

LEONOR.

Que voulez-vous, ma chere ?

ISABELLE *que l'on ne voit pas.*

J'ai besoin de votre secours. Aidez-moi à remettre l'esprit de mon frere. Il est dans un desespoir affreux.

LEONOR.

Je suis peu propre à le consoler.

ISABELLE.

Permettez-lui de vous dire un mot; accordez-lui ce foible soulagement.

LEONOR.

Que n'ai-je la force de le lui refuser !

SCENE V.
LEONOR, INE'S, ISABELLE, DON GARCIE *qu'on ne voit pas.*

D. GARCIE *qu'on ne voit pas.*

Est-ce vous que j'entends, belle Leonor ? puis-je encore vous parler ?

INE'S *levant la tapisserie.*

Courage, Madame, le son de votre voix adoucit ses peines. Poussez la charité jusqu'au bout.

D. GARCIE *qu'on ne voit pas.*

Vous ne répondez point ; eh quoi n'avez-vous pas pitié de ma situation ?

LEONOR.

Ah ! Don Garcie, que votre tendresse m'est cruelle !

D. GARCIE. *qu'on ne voit pas.*

Ah ! Madame, que mon destin est rigoureux !

LEONOR.

Je suis mariée à Don Juan. Il faut que j'aime un autre que vous.

D. GARCIE *qu'on ne voit pas.*

Il faut vous perdre pour jamais.

INE'S *abaissant la tapisserie.*

J'entends du bruit. Quelqu'un vient. Allons, Seigneur Don Garcie, faite retraite.

LEONOR.

Il est déja nuit. Entrons dans ma chambre. Je veux en liberté m'abandonner à ma douleur.

SCENE VI.

MOGICON *seul.*

DOna Leonor a la puce à l'oreille, & Don Juan martel en tête au sujet de Don Garcie. En vérité, c'est se livrer de gaïeté de cœur à d'étranges maux, que de prendre une belle femme. Un honnête homme est bien sot de chercher pour sa peine ce qu'il ne doit souhaiter que pour sa commodité. Si j'en étois crû, on n'épouseroit que des laides. Une belle femme paye toutes les complaisances de son mari de brusqueries & d'inégalités ; au lieu qu'une laide reçoit comme des graces toutes les caresses qu'il lui fait. Mais c'est trop moraliser. La nuit s'avance. Je suis devenu domestique de cette maison par le prêt que Don André a fait de moi à son

son ami. Je suis ménacé de passer cette nuit en sentinelle ; munissons-nous de quelques momens de sommeil. Retirons-nous dans ce coin, & dormons s'il est possible.

Il se couche dans un coin du théatre, & Inés sort de la chambre de sa Maîtresse avec une bougie à la main.

SCENE VII.
INES, MOGICON.

INE'S *sans voir Mogicon.*

JE viens de coucher ma Maîtresse, qui se fait un triste plaisir d'être seule, pour soupirer & pleurer à son aise. Chacun a ses chagrins. N'ai-je pas les miens ? Ce maraud de Mogicon, qui est depuis ce matin domestique de cette maison, n'a pas fait la moindre attention à mes charmes. Cela n'est-il pas bien mortifiant pour une fille telle que moi ? oh ! le buton ! Oui, je suis outrée de son procédé. Ce n'est pas que sa peau me tente, mais je veux qu'il m'aime ou qu'il créve. Ma réputation est intéressée à lui donner de l'amour.

MOGICON *sortant du coin du théatre & se frotant les yeux.*

La maudite condition que la mienne ! Je commençois à m'assoupir, mais la peur d'être assommé de coups par Don André, si je le fais attendre long-tems dans la ruë, ne me permet pas de dormir tranquillement. Il m'a donné ordre de l'introduire ici cette nuit. Je dois… (*appercevant Inés*)… Mais j'apperçois Inés ; elle n'est pas encore retirée.

INE'S (*bas*) *entendant la voix de Mogicon & le reconnoissant.*

Voici Mogicon. Voyons s'il aura l'esprit de m'en conter.

MOGICON *bas.*

La drolesse est jolie ! Lions conversation avec elle, & employons ce tems pour mon compte. Aussi-bien quand Don André seroit déja à la porte, je ne pourrois le faire entrer présentement.

INE'S *bas.*

Il a l'air timide, il faut que je l'agace.

MOGICON *bas.*

Je ne vais qu'avec crainte à l'abor-

COMEDIE. 67

dage. Elle me paroît fille réservée. N'importe, risquons le paquet... Charmante Inés, beauté plus suave que l'ambre gris...

INE'S *bas.*

Oh! oh! il me dit des douceurs. Armons-nous de fierté.

MOGICON.

Votre bouche plus vermeille que l'aurore n'a fait qu'un morceau de ma liberté.

INE'S *bas.*

Il a mal fait de me prévenir ; j'allois me jetter à sa tête.

MOGICON.

L'Amour, cet aveugle tyran, m'a.... percé.... de traits si perçans....

INE'S *lui riant au nez.*

Le beau jeune homme que voilà!

MOGICON.

Si vous voulez récompenser l'ardeur de mes feux.

INE'S *bas.*

Oh! pour cela, je n'y manquerai pas; & même tout à l'heure.

F ij

MOGICON *voulant l'embrasser.*

Vous me verrez par mille embrassemens réïterés....

INE's *le repoussant.*

Arrêtez, insolent, vous êtes bien hardi de me demander des faveurs avant que de les avoir méritées.

MOGICON.

Mademoiselle Inés, ne vous mettez point en colere, je suis un garçon d'honneur.

INE's.

Tais-toi, faquin, t'imagines-tu que je pourrai jetter les yeux sur un homme de ta condition, moi, pour qui d'illustres Cavaliers font gloire de soupirer. Voyez un peu ce misérable valet qui veut manger à la table des Maîtres.

Elle veut s'en aller, & il la retient par sa robe.

MOGICON.

Encore un mot, de grace.

INE's *le repousse.*

Laisse-moi, nigaud, & ne me replique pas.... (*Elle s'adresse aux Dames.*) Vous, Mesdames, qui m'écoutez, apprenez de moi ceci pour votre instruction : Si vos Epoux sont vos maîtres,

COMEDIE.

obéïssez-leur : & si vous êtes leurs maîtresses, faites-les obéïr ; quand vous serez l'enclume, souffrez ; & quand vous serez le marteau, frapez.

Elle sort & emporte la lumiere.

SCENE VIII.

MOGICON *seul*.

NE nous amusons point à la bagatelle, & songeons à mon Maître qui doit être à present dans la ruë. Mais que vient-il faire ici cette nuit ? Est-ce qu'il voudroit achever les nôces commencées ? Si c'est-là son dessein, je pourrois bien me répentir d'être si fidéle à ses ordres. D'un autre côté, si je lui manquois de parole, je serois sûr de recevoir de sa main cent coups de bâton à la premiere vûë. Faisons ce qu'il me commande. Peut-être que les choses iront mieux que je ne pense.

Il va ouvrir la porte de la ruë.

SCENE IX.

MOGICON, DON ANDRÉ.

MOGICON *appellant son Maître.*

Sst, sst, sst.

D. ANDRÉ.

Est-ce-toi, Mogicon ?

MOGICON.

Oui, entrez doucement.

D. ANDRÉ.

Sont-ils tous retirés ?

MOGICON.

Je le crois.

D. ANDRÉ.

Cela suffit. Ferme la porte.

MOGICON *après l'avoir fermée, revient.*

Elle est fermée.

D. ANDRÉ.

Tu n'as qu'à t'en aller présentement.

MOGICON.

Vous me faites fermer la porte, & vous voulez que je m'en aille ?

COMEDIE.

D. ANDRÉ.

Va-t-en, te dis-je.

MOGICON.

(*bas*) Quel homme ! Il est fou, ou je meurs.... (*haut*) Mais ne puis-je sçavoir, mon Maître, ce que vous venez faire ici ?

D. ANDRÉ.

Ne me le demande point, & sorts.... Hé bien, Don André, t'es-tu bien consulté ? As-tu surmonté les remords....

MOGICON *ayant ouvert la porte, revient.*

Vous attendrai-je dans la ruë ?

D. ANDRÉ.

Non, je te défends de sortir de la maison.

MOGICON.

Eh ! Monsieur, de grace, permettez-moi de m'en aller.

D. ANDRÉ *s'emportant.*

Je te casse les bras, si tu me désobéïs.

MOGICON.

Ne vous mettez point en colere ; je vais sortir, je ne sortirai pas, je serai tout ce que vous voudrez, comptez sur mon obéïssance.

D. André'.
Tu as peur à ce que je vois.

Mogicon.
Passablement.

D. André'.
Oh bien ! peur ou non, je ne veux pas que tu sortes du logis ; retire-toi dans la chambre où l'on te croit couché.

Mogicon.
Nous voilà d'accord... (*bas*)... Demeurons ici pour sçavoir son dessein....

Il se cache dans un coin.

D. André' *se met à rêver.*
Que médites-tu ? que vas-tu faire perfide ami ? Tu vas commettre le plus grand de tous les crimes. Quel outrage tu fais à Don Juan ! N'acheve point cette perfidie. Résiste à des désirs que tu ne peux satisfaire sans irriter contre toi le ciel, & faire horreur aux hommes. Pendant que le flambeau de la raison t'éclaire encore, fuis Leonor ; sauve-toi de ces lieux.

Il fait quelques pas comme pour sortir, puis il s'arrête.

Mogicon.

COMEDIE. 73

MOGICON *bas.*

Il a la tête diablement embarassée.

D. ANDRE'.

Mais n'est-ce pas avoir déja commencé le crime, que de m'être introduit ici ? Et pour abandonner cette entreprise, falloit-il attendre que je fusse sur le point de l'exécuter ? Après tous les pas que j'ai faits, est-il tems de reculer ? A quoi me résoudre ? Pour me déterminer, mettons dans la balance d'un côté la confiance d'un ami, & de l'autre la violence de mes désirs ; ici la foi jurée, & là le plaisir attendu. O ciel ! que ma vertu & ma foi pésent peu ! mon amour emporte la balance.

MOGICON *bas.*

Ouf ! le frisson me prend pour Leonor.

D. ANDRE'.

Faisons donc une action que d'autres après tout ont fait avant moi. J'ai tous les ferremens nécessaires pour ouvrir une porte. La chambre de Leonor, si je l'ai tantôt bien remarqué, est de ce côté ci.

Tome I.   G

74 LE TRAITRE PUNI,

Il tire de sa poche des instrumens de fer, & cherche à tatons la chambre de Leonor.

Quoique sans lumiere, en suivant le mur, je ne puis manquer de la trouver.

Il ouvre la porte avec les ferremens, & regarde dans la chambre sans y entrer, puis il revient sur le bord du théatre, laissant la porte entr'ouverte.

MOGICON *bas.*

Il va s'introduire dans la chambre de Leonor! La pauvre femme! On lui prépare une étrange aubade.

D. ANDRE'.

Quel saisissement vient me surprendre? d'où vient que la crainte s'empare de mes sens? Il semble que je n'ose m'engager plus avant. Quelle foiblesse de chanceler si long-tems! Ne différons plus. Tout est calme. Leonor repose. Entrons & soufflons la lumiere qui éclaire sa chambre. (*Il entre.*) Satisfaisons mes feux dans l'obscurité,

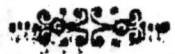

SCENE X.

MOGICON seul.

IL est entré le scélérat ; que fera-t-il là-dedans ? ou plûtôt que n'y fera-t-il point ? Malheureux Don Juan, tu as confié ta bourse à un voleur. Pendant que tu galopes pour aller rendre les derniers devoirs à ton pere, Don André veut rendre les premiers à ton épouse. Le perfide Ganelon ! quel châtiment ne mérite-t-il point ? Aprochons-nous de la porte pour écouter.

Il s'aproche & écoute un moment, & regarde par le trou de la serrure.

MOGICON.

Je ne vois pas de lumiere. Il l'a sans doute éteinte. Comment diable se terminera tout ceci ?

Il s'aproche encore pour écouter.

Leonor ne dit pas un petit mot ; il faut qu'elle soit bien endormie. Ouais ! prendra-t-elle la chose pour un songe ? ou sa vertu seroit-elle tombée en apoplexie ?

SCENE XI.

LEONOR *qu'on ne voit pas.*
MOGICON.

LEONOR.

Inés, Beatrix, au secours.

MOGICON.

Ahi, ahi! la poudre prend.

LEONOR *qu'on ne voit pas.*

Mon pere, Alphonse, à l'aide.

MOGICON.

La catastrophe sera sanglante. De peur d'être impliqué dans cette affaire, sauvons-nous. *Il sort.*

SCENE XII.

LEONOR, D. ANDRÉ.

LEONOR, *en deshabillé & tenant Don André par sa manche.*

Qui que tu sois, insolent, tu ne m'échaperas point; & quoique tes efforts ayent été inutiles, tu recevras le châtiment dû à ton audace. Holà, Inés, de la lumiere.

D. ANDRÉ se débarrasse d'elle, cherche la porte à tâtons, mais il ne peut la trouver.

Je suis perdu ! Je ne puis trouver la porte.

LEONOR *criant.*

Je ne le tiens plus, qu'on prenne garde qu'il ne sorte ; & vîte de la lumiere.

SCENE XIII.

D. ANDRÉ. LEONOR. D. GARCIE.

D. GARCIE *entrant l'épée à la main.*

J'Accours à votre voix, Léonor.

D. ANDRÉ *mettant l'épée à la main.*

bas.... C'est Don Garcie, payons d'audace. *haut.* Où est le téméraire qui ose troubler le repos de Léonor & allarmer sa vertu ?

D. GARCIE.

Je viens punir son insolence.

78 LE TRAITRE PUNI.
D. ANDRÉ.
Je veux laver son attentat dans son sang.
D. GARCIE.
C'est par mes mains que le Traitre doit périr.
D. ANDRÉ.
Ce fer va lui percer le cœur.
LEONOR.
On vient enfin. J'aperçois de la lumiere.

SCENE XIV.
LEONOR. DON ANDRÉ. D. GARCIE. D. JUAN. *une bougie à la main.*

LEONOR *appercevant D. Juan.*
Juste Ciel ! C'est Don Juan.
D. JUAN
Voyant Léonor presque nüe entre Don Garcie & Don André qui ont l'epée à la main, ferme la porte.

Quel spectacle s'offre à mes yeux !
D. GARCIE *bas.*
Quel contretems ?

COMÉDIE.

D. ANDRÉ bas.

Que lui dire qui puisse le satisfaire ?

D. JUAN.

Quelle destinée est la mienne ! au sortir de Valence, j'aprens la mort de mon pere ; & quand je reviens ici chercher de la consolation, j'y trouve un plus juste sujet de douleur.

LEONOR *s'asseyant sur une chaise*.

Hélas !

D. JUAN.

L'état où je vois Léonor glace mon coeur d'effroi, & semble m'annoncer la perte de mon honneur..... *aux Cavaliers*... Et vous muettes statues, dont le trouble & la confusion justifient mes allarmes, éclaircissez-moi mon malheur. Comment, & pourquoi, à l'heure qu'il est, vous trouvez-vous dans l'apartement de Léonor ?

D. GARCIE bas.

Que lui répondre ?

D. JUAN.

D. André, vous ne me dites rien.

D. ANDRÉ.

bas...Remettons-nous... *haut*...

mon silence ne vous en dit-il pas assez?

D. JUAN.

Il me fait assez comprendre quelle est mon infortune, mais j'en ignore les circonstances & l'auteur.

D. ANDRE'.

Vous vous souvenez, Don Juan, que vous me chargeâtes avant votre départ.

D. JUAN.

Je m'en souviens, passez....

D. ANDRE'.

Chargé du soin de votre honneur, j'ai observé Don Garcie, & je l'ai trouvé caché dans cet appartement. Vous voyez Léonor en désordre; vous me voyez l'épée à la main. Ne pouvez-vous juger du reste.

D. JUAN *mettant l'épee à la main & se tournant vers D. Garcie.*

C'est donc à Don Garcie qu'il faut que je demande raison de l'offense....

D. GARCIE.

Attendez, Don Juan.

D. JUAN.

Qu'avez-vous à me dire?

COMEDIE.

LEONOR *se levant de dessus son siége toute troublée.*

O ciel!

D. GARCIE.

Ecoutez-moi. Deux mots vous feront connoître mon innocence. J'ai entendu les cris de Léonor; j'ai craint pour elle quelque pressant danger; j'ai aussitôt sauté par dessus le mur qui nous sépare, & suis entré dans cet appartement pour la sauver du péril que pouvoit courir sa vie ou son honneur.

D. JUAN.

bas.... Ce qu'il dit est vraisemblable; mais dois-je le croire sur sa parole, & soupçonner Don André? non l'un est mon ami, & je ne connois l'autre que pour un amant de Léonor. Ah! c'est sur Don Garcie que doit tomber... Cependant ne précipitons rien. Examinons tout, & démêlons le coupable, s'il est possible... *à Léonor...* Madame aidez-moi à découvrir lequel des deux doit être l'objet de ma vengeance.

LEONOR.

Je ne puis vous donner de lumiere là-dessus; ce qu'il y a de certain, c'est que l'un est venu pour me faire violence, & l'autre pour me secourir ; mais la nuit confondant l'audace du coupable avec la générosité de l'innocent, je ne sçai à qui des deux je dois ma reconnoissance ou ma haine.

D. GARCIE.

Mais, Madame, ne me suis-je pas écrié que j'accourois à votre aide ?

LEONOR.

J'en conviens.

D. ANDRE'

Mais, Léonor, n'ai-je pas menacé de ce fer l'audacieux qui troubloit votre repos ?

LEONOR.

Je ne le puis nier.

D. GARCIE.

J'ai donc volé a votre secours ?

D. ANDRE'.

Je suis donc venu pour vous venger ?

D. JUAN.

Finissez l'un & l'autre. Vous ne faites qu'augmenter mon embaras..... bas..... Qui des deux dois-je soupçonner ? Ah ? sans doute c'est Don

Garcie.... Mais comment Don André a-t-il pû s'introduire dans cet appartement ? D. Garcie du moins a dit par quelle voye il y est entré ; & je ne vois pas qu'Alvarade ait pû s'y trouver sans trahison... *haut*... Périsse donc...

D. GARCIE.

Qui ?

D. ANDRE'.

Qui ?

D. JUAN.

Je ne sçai.... Que dois-je faire ?

D. GARCIE.

Punissez celui qui vous a outragé ?

D. ANDRE'.

Vengez votre honneur offensé.

―――――――――――――

SCENE XV.

D. JUAN, LEONOR, D. GARCIE, D. ANDRE, D. FELIX
qu'on ne voit pas.

D. FELIX *frapant à la porte.*

Ouvrez.

LEONOR.

C'est mon pere.

LE TRAITRE PUNI.
D. JUAN.

N'ouvrons pas. Epargnons à un pere le chagrin d'apprendre une avanture si désagréable. Je suspendrai ma vengeance jusqu'à ce que je sois mieux éclairci. Don Garcie, retournez chez vous. D. André venez avec moi : sortons par cette autre porte ; & vous, Léonor, rentrez dans votre chambre.

D. Garcie sort d'un côté, D. André
& D. Juan sortent de l'autre.

Fin du troisiéme Acte.

ACTE IV.

SCENE PREMIERE.

D. JUAN *seul.*

Dans quelle inquiétude j'ai passé la nuit ! Le sommeil qui suspend les plus grandes peines, n'a pû fermer mes yeux. Juste ciel ! Comment pourrois-je gouter la douceur du repos ! l'affront fait à mon honneur se présente incessamment à ma pensée avec des circonstances si cruelles, que les plus rudes supplices n'ont pas plus de rigueur. Du moins si je n'ignorois pas l'auteur de l'offense, je pourrois, en l'immolant à mon ressentiment, soulager mes maux.... Mais le ciel en ce moment m'inspire, & me le fait connoître. Oui, c'est Don André d'Alvarade. Hier, quand je l'amenai ici, Don Felix fut ému de colere en le voyant. Ce transport sans doute renfermoit quelque mystere.... Mais que dis-je insensé! Don Garcie ne peut-il avoir passé le mur que pour secourir Léonor? Ne dois-je pas plutôt le soupçonner qu'Alvarade, qui m'a toujours paru ami sincere.... mais comment cet ami s'est-il trouvé ici pour défendre Léonor? C'est ce qui m'embarrasse & me confond. Je ne sçai ce que je dois penser; ils me paroissent tous deux tour à tour innocens & coupables.

SCENE II.
D. FELIX, D. JUAN.
D. FELIX.

Vous me fuyez, Don Juan; vous fied t-il bien, de me faire un myſtere d'une choſe qui me touche autant que vous? Ne ſuis-je pas votre Beau-pere, & qui plus eſt votre ami?

D. JUAN.

J'en ſuis perſuadé.

D. FELIX.

Pour ſoulager vos peines, épanchez-vous donc avec moi en fils & en ami.

D. JUAN.

Il n'y a que la vengeance, qui puiſſe me procurer du ſoulagement.

D. FELIX.

Si je ſouhaitte d'apprendre l'avanture de cette nuit, ce n'eſt, Don Juan, que pour m'aſſocier à votre colere.

D. JUAN.

Je vais vous contenter: hier au ſoir

dans cet appartement je trouvai Don Garcie & Don André...

D. FELIX.

Que m'apprenez-vous ?

D. JUAN.

Et Léonor entr'eux deux presque nuë, & demandant vengeance d'une insulte.

D. FELIX.

Etoient-ils tous deux coupables ?

D. JUAN.

Non, l'un étoit venu pour triompher de son honneur, & l'autre pour la secourir.

D. FELIX.

Lequel est donc le criminel ?

D. JUAN.

Je l'ignore. Ils s'accusent l'un l'autre, & se justifient en même-tems.

D. FELIX.

Et de qui se plaint Léonor ?

D. JUAN.

Les ombres de la nuit lui ont caché l'auteur de l'attentat.

D. FELIX.

Je dois vous aider à le découvrir; & si mon bras est trop foible pour seconder le vôtre, du moins je vais fortifier votre ressentiment par des conseils de vengeance. Sçachez que Don Garcie de Torellas a long-tems recherché ma fille, que je l'ai refusée à ses vœux, & que malgré mes refus, il n'a pas cessé de chercher les occasions de la voir & de lui parler. Don André de son côté...

D. JUAN.

Don André est mon ami, & je ne puis croire...

D. FELIX.

Cette confiance vous aveugle. Don André aime Léonor. Il me l'a dit lui-même.

D. JUAN.

De quelle maniere pourrons-nous donc éclaircir nos soupçons, si Don Garcie & Don André nous sont également suspects.

D. FELIX.

Les témoins nous tireront d'incertitude.

D. JUAN.

COMÉDIE.

D. JUAN.
Où les prendrons-nous?

D. FELIX.
Les Domestiques peuvent nous en servir. Les Valets ont sans cesse les yeux ouverts sur les actions de leurs Maîtres. Il faut commencer par la Suivante de Léonor... Holà, Inés.

SCENE III.
D. FELIX, D. JUAN, INÉS.

INÉS.
Que vous plait-il, Seigneur?

D. FELIX.
Don Juan a besoin de toi, demeure... *Bas à D. Juan*... Je vais sortir; interrogez-la adroitement ; mais ne vous laissez point emporter à la colere; & si Léonor a eu la foiblesse de trahir son devoir, quoique pere, je plongerai ce fer dans son sein, avec une fermeté qui vous fera connoître que Don Felix de Cabrera n'a rien au monde de plus cher que l'honneur.

(*Il sort.*)

SCENE IV.
D JUAN, INE'S.

D. JUAN (*bas.*)

Ciel ! Donne-moi la force de me contraindre jusqu'à ce qu'il soit tems de faire éclater ma vengeance.

INE'S (*bas.*)

D. Juan veut avoir un tête à tête avec moi, cela ne vaut pas le diable.

D. JUAN.

Inès ?

INE'S.

Seigneur.

D. JUAN.

Pourquoi te troubles-tu ?

INE'S

Cela m'est ordinaire, Seigneur ; il me prend à ces heures-ci une légere émotion de fiévre.

D. JUAN.

Je veux sçavoir de toi.

COMEDIE.

INE'S.

Oh! Je ne sçais rien, je vous assure.

D. JUAN.

Tu réponds déja! Tu sçais donc...

INE'S

Je sçais seulement que ce que vous m'allez demander est un secret pour moi.

D. JUAN.

Un secret?

INE'S

Oüi, Seigneur.

D. JUAN *lui présentant une bourse.*

Inès, il ne faut pas marchander. Prends cette bourse. Dis-moi tout sans déguisement.

INE'S.

Dispensez-moi, s'il vous plaît, de parler.

D. JUAN *tirant un poignard.*

Que le Ciel me foudroye, si ce poignard...

INE'S *effrayée.*

Ahi! Ahi! Ahi!

H ij

D. JUAN.

Si tu ne parles, je te tuë.

INE'S

Mais si je parle aussi, n'ai-je rien à craindre?

D. JUAN.

Non, je te le promets.

INE'S *tendant la main.*

Puisqu'il faut sauter le fossé, donnez-moi donc la bourse.

D. JUAN *lui donnant la bourse.*

Tiens.

INE'S *la prenant.*

Entre la bourse & la mort, il n'y a pas je crois à balancer. J'étois enrouée, mais la voix m'est revenue. Cet accompagnement vaut mieux qu'un Thuorbe pour faire chanter une fille de ma sorte.

D. JUAN.

Commence donc.

INE'S.

Don Garcie aime ma Maîtresse depuis cinq ou six ans.

COMEDIE.

D. JUAN.

Je sçais cela ; & comment Léonor a-t-elle reçu ses services ?

INES.

Eh ! Mais comme une honnête fille reçoit les services d'un joli homme ; d'abord assez mal, & dans la suite fort bien.

D. JUAN.

Se sont-ils souvent parlés ?

INES.

Oh ! Pour cela oüi, & même commodément tant la nuit que le jour, parce que dans un endroit de la cloison, qui est commune aux deux logis, il s'est trouvé par hazard ou autrement, une petite ouverture au travers de laquelle ils s'entretiennent tout à leur aise.

D. JUAN.

Que dis-tu ?

INES.

Ce que je vous dis.

D. JUAN.

Me dis-tu la vérité ?

LE TRAITRE PUNI.

INES.

Cela est si vrai, que j'entendis hier de mes propres oreilles les adieux qu'ils se firent, & qui furent, je vous assûre, fort tristes. Il y eut force soupirs, plaintes réitérées, pleurs répandus. Il lui dit, enfin, Léonor vous êtes mariée. Elle lui répondit : oüi, je suis femme de Don Juan. Adieu, Don Garcie, adieu Léonor ; & là-dessus ils se séparerent.

D. JUAN.

Ah ! Inès, ton récit m'a percé le coeur.

INES *bas.*

Il n'a pourtant pas été aussi circonstancié que je l'aurois pû faire.

D. JUAN.

Où est la cloison ?

INES *s'approchant de la cloison.*

La voici, & si vous êtes curieux de voir l'ouverture dont je vous ai parlé, la voilà.

D. JUAN.

Quand ils veulent se parler, quel signe se font-ils ?

COMEDIE.

INE'S.

Ils frappent de la main la cloison par deux fois.

D. JUAN.

Frappes-y

INE'S.

Seigneur, quel est votre dessein?

D. JUAN.

Fais ce que je t'ordonne, & ne réplique pas?

INE's *frappe.*

J'ai frapé.

D. JUAN *bas.*

Il faut que je me serve d'Inés pour interroger Don Garcie... *haut...* Frappe encore.

INE's *frappe encore.*

Vous êtes obéi.

D. JUAN.

Je veux surprendre son sentiment.

SCENE V.

D. JUAN, INE'S, D. GARCIE
qu'on ne voit pas.

D. GARCIE *qu'on ne voit pas.*

Qui frappe?

D. JUAN *bas à Inès.*

Di que tu es Leonor.

INE'S *bas.*

Que me contraint-il de faire!...
haut... C'est Leonor.

D. GARCIE *qu'on ne voit pas.*

Que voulez-vous de moi, belle Leonor? Tout malheureux qu'est Don Garcie, peut-il encore vous être utile?

D. JUAN *après avoir parlé
à l'oreille d'Inés.*

Dis-lui cela.

INE'S *à D. Garcie.*

Apprenez-moi par quel motif vous êtes entré cette nuit dans mon appartement?

D. GARCIE *qu'on ne voit pas.*

Je l'ai fait, Leonor, pour satisfaire
mon

COMEDIE. 97

mon amour. Eh! pensez-vous que votre mariage le puisse éteindre? Non, non, je vous l'ai dit mille fois, il ne finira qu'avec ma vie; & je ne manquerai aucune occasion de vous en donner des marques.

D. JUAN *bas.*

Le traître se découvre.

D. GARCIE *qu'on ne voit pas.*

C'est vous qui m'attiriez, chere Leonor, & si la présence de Don Juan n'eut pas mis obstacle à mon dessein, j'aurois eu la satisfaction de vous marquer à quel point je vous aime.

D. JUAN *bas.*

Peut-il parler plus clairement? L'insolent! Punissons sa témérité... Mais, insensé, le peux-tu? Un mur le met à couvert de mon juste couroux. O ciel! je connois l'offenseur, & je ne suis pas encore vengé!

SCENE. VI.

D. JUAN, D. GARCIE *qu'on ne voit pas,* LEONOR, INE'S.

LEONOR *sans voir D. Juan.*

SI je ne me trompe, je viens d'entendre la voix de Don Garcie. Sçachons ce qu'il me veut... Don Garcie... *appercevant D. Juan...* Que vois-je, malheureuse?

INE'S *bas.*

Voilà pour nous achever de peindre!

D. JUAN.

Qui cherchez-vous, Madame?

LEONOR *troublée.*

Je cherchois...

D. GARCIE *qu'on ne voit pas.*

Je me persuade, Leonor, que vous m'aimez toûjours.

LEONOR *bas.*

Je suis perduë!

D. JUAN.

Pourquoi vous troublez-vous, Ma-

COMEDIE.

dame ? puisque ce mur sçait vos sentimens, ne vous étonnez pas qu'il en rende témoignage à votre époux.

LEONOR.

bas... Il faut sauver mon honneur... *haut...* Que dis-tu, misérable ? quelle est ton audace ? Ta bouche s'efforce envain de souiller ma gloire. Mon cœur dément tes paroles. Don Juan est le seul que j'aime & que je veux aimer. Ne te le dis-je pas hier ?

D. GARCIE *qu'on ne voit pas.*
Je l'avouë.

LEONOR.
Au travers de ce même mur ?

D. GARCIE *qu'on ne voit pas.*
Il est vrai.

LEONOR.
Que prétends-tu de moi ?

D. GARCIE *qu'on ne voit pas.*
Je n'espere rien.

LEONOR.
Laisse-moi donc en repos.

D. GARCIE *qu'on ne voit pas.*
Je vous obéïrai, cruelle. Vous serez

contente. Je ne me présenterai plus à vos yeux.

LEONOR.

C'est ce que je demande... *à Don Juan*... Si ces mépris, dont vous venez d'être témoin, Don Juan, ne suffisent pas pour guérir votre défiance, que mes soupirs & mes pleurs appaisent votre ressentiment...

Elle se jette à ses genoux.

D. JUAN *la relevant.*

Levez-vous, Madame... *à Inés*... Sors, Inés... Leonor ?

LEONOR.

bas... Je tremble.

SCENE VII.

DON JUAN, LEONOR.

D. JUAN.

JE vais vous ouvrir mon coeur ; & si j'ai toute l'agitation d'un époux offensé, je vous parlerai du moins avec la modération & les ménagemens d'un véritable ami. Je vous crois innocente,

COMEDIE.

LEONOR.

Vous me rendez justice.

D. JUAN.

Aidez-moi donc à découvrir l'auteur d'un outrage qui nous est commun. Contez-m'en toutes les circonstances; il n'en faut qu'une pour faire connoitre l'audacieux qui doit être l'objet de ma vengeance.

LEONOR.

Vous le voulez ?

D. JUAN.

Vous diminuerez mes peines, ou vous augmenterez ma fureur.

LEONOR.

Je ne vous cacherai rien.

D. JUAN *bas*.

Que va-t-elle dire, ô ciel !

LEONOR.

Peu de tems après qu'un leger sommeil se fût rendu maître de mes sens, un bruit, dont j'étois bien éloignée de pénétrer la cause, me réveilla. J'ouvris doucement les rideaux pour regarder dans la chambre, mais je me trouvai sans lumiere. J'en fus étonnée, & je me sentis saisir de quelques mouvemens de crainte que je surmontai pourtant ; & le péril me donnant de la hardiesse, je me levai pour gagner la porte & appeller du monde. J'entendis marcher quelqu'un autour de moi, & voulant l'éviter je me jettai moi-même entre ses bras.

D. JUAN *bas*.

Va-t-elle réveler son deshonneur & le mien ?

LEONOR.

Alors jugeant que mon silence ne feroit que favoriser l'audace de l'insolent, je remplis l'air de cris, & j'implorai le secours de tous ceux qui pouvoient m'entendre.

D. JUAN *bas*.

Quel supplice !

LEONOR.

Cependant il fit tous ses efforts pour triompher de ma résistance ; mais la colere la rendit si forte, que le téméraire fut obligé d'abandonner son dessein. Si vous fussiez venu plûtôt, le traître étoit découvert. Je le tenois par ses habits. Malheureusement il m'échappa ; & un instant après, Don Garcie & Don André me crierent qu'ils accouroient à mon secours.

D. JUAN.

Qui des deux a parlé le premier?

LEONOR.

C'est Don Garcie.

D. JUAN.

Don Garcie? Ah! Don André, faut-il que je te soupçonne?

SCENE VIII.

DON JUAN, LEONOR, ISABELLE.

ISABELLE.

AH! Léonor! Ah! Don Juan!

LEONOR.

Qu'est-il donc arrivé, Isabelle?

D. JUAN.

Qui vous amene ici, Madame?

ISABELLE.

Le valet de Don André vient de sortir de chez nous, & m'a laissé ce billet pour Don Garcie. Comme je sçai qu'il y a quelque animosité entre

Alvarade & mon frere, j'ai reçu le billet en tremblant & je l'ai ouvert.

D. JUAN.

Hé bien?

ISABELLE.

Don André fait un apel à Don Garcie, & je suis dans un grand embarras: si je montre l'appel à mon frere, il ne manquera pas de courir au rendez-vous; & si je le lui cache, Alvarade l'accusera de lâcheté. Je vous prie, Don Juan, de vous trouver au rendez-vous, & d'arrêter par vos soins l'acharnement de deux hommes que la haine anime l'un contre l'autre. Par ce service vous reconnoîtrez celui que mon frere vous a rendu cette nuit en volant au secours de Léonor; & vous vous acquiterez en même tems de l'obligation que vous m'avez.

D. JUAN.

De quelle obligation?

ISABELLE.

Ce fut moi qui avertis Don Garcie du besoin pressant que mon amie avoit d'être secourue. De grace, que je trouve en votre prudence ce que vous

COMEDIE.

avez trouvé dans le zele de mon frere. Ne tardez pas, je vous prie ; D. André l'attend déja peut-être, & pourroit par un second billet qu'il recevroit lui faire un nouveau défi.

D. JUAN.

Vous serez contente, Madame, mais dites-moi si vous entendites effectivement les cris de Léonor, avant que Don Garcie franchit le mur.

ISABELLE.

Eh! Sans cela il ne l'auroit point passé.

D. JUAN.

Grace au Ciel, je suis enfin éclairci. C'est Don André qui m'a trahi... *bas*... Il faut que je me serve de cette occasion pour en tirer vengeance... *haut*... Madame, apprenez-moi le lieu du rendez-vous.

ISABELLE.

C'est derriere notre Jardin.

D. JUAN.

C'est assez. J'y cours. Je vais laver dans le sang d'Alvarade...

ISABELLE.

Ah! Seigneur, je ne demande point sa

mort ; il suffira que vous empêchiez le combat.

D. JUAN *s'en allant.*

Madame, je ferai ce que l'honneur exige de moi.

SCENE IX.
LEONOR, ISABELLE,

LEONOR.

TU verses des pleurs.

ISABELLE.

Tu vois ma douleur.

LEONOR.

Quelle en est la cause ?

ISABELLE.

La crainte.

LEONOR.

Pour qui crains-tu ?

ISABELLE.

Pour Don André que j'aime, & pour un frere qui m'est cher. Ils causent tous deux mes peines.

LEONOR.

Ils causent tous deux mes malheurs.

Fin du quatriéme Acte.

COMEDIE.

ACTE CINQUIEME.

La Scene est auprès du Jardin de Don Garcie.

SCENE I.

MOGICON *seul*.

OH ! Parbleu, Seigneur Don André, quand vous voudrez faire des sotises, vous les ferez, s'il vous plaît, sans ma participation. Il est à cent pas d'ici qui attend Don Garcie pour se couper la gorge avec lui : je n'ai pas mal fait de me retirer ; car si la Justice venoit à les surprendre, comme je ne suis déja pas trop bien avec elle, je pourrois être coffré de compagnie... J'apperçois un Cavalier ; sans doute c'est Don Garcie qui vient au rendez-vous ; mais je me trompe. C'est Don Juan que je vois. C'est lui-même, ou je meurs ! Après ce qui s'est passé, je dois le fuir comme un créancier. Ouf! Je ne puis l'éviter. Le voici. Je suis perdu.

SCENE II.

MOGICON, D. JUAN.

D. JUAN.

AH! Mogicon, où vas-tu?

MOGICON.

Seigneur... *bas*... Je ne sçais que lui répondre... *haut*... Je vais avec votre permission continuer mon chemin.

D. JUAN.

D'où viens-tu?

MOGICON.

Je viens de me promener pour dissiper un mal de tête qui me tient depuis hier.

D. JUAN *bas*.

Ce Valet a quelque part à l'avanture de la nuit passée. Tirons-en par la crainte tout l'éclaircissement que nous

COMEDIE.

pourrons... *haut*... Ah! Traître! infâme!

(*Il le saisit au colet, & tire son poignard.*)

MOGICON *effrayé*.

Je vous demande pardon, Seigneur Don Juan, si j'ai eu le malheur de vous déplaire.

D JUAN *lui présentant le poignard*.

(*Bas*)... Feignons... *haut*... Vous êtes un coquin.

MOGICON *se jettant aux genoux de D. Juan*.

Eh! Oüi, Seigneur.

D. JUAN.

Un scélérat.

MOGICON.

Non, mais j'ai le malheur d'être son Valet.

D. JUAN.

Tu n'as qu'à te préparer à mourir.

MOGICON *pleurant*.

Eh! Seigneur, ayez pitié de moi.

D. JUAN *lui mettant le poignard à la gorge*.

Non, point de quartier, je te tuë.

MOGICON *toûjours à genoux.*

Miséricorde ! Qu'est-ce que je vous ai fait ?

D. JUAN.

Ce que tu m'as fait, Maraud ? N'as-tu pas ouvert la porte cette nuit à Don Garcie ?... *bas*... C'est pour le faire parler de Don André.

MOGICON.

A Don Garcie ?

D. JUAN.

Oüi, misérable, à Don Garcie ? Pourquoi l'as-tu introduit chez Léonor ? Parle, si tu ne veux que je te punisse comme tu le mérites.

(*Il lui remet le poignard sur la gorge.*)

MOGICON *toûjours pleurant.*

Ahi, ahi, ahi !... Seigneur, le Ciel m'écrase à vos pieds tout à l'heure, si j'ai ouvert à Don Garcie...

D. JUAN.

A qui as-tu donc ouvert ? Dis, malheureux. Si c'est à Don André, je te le pardonne ; c'est ton Maître, & d'ailleurs, mon ami.

MOGICON *se relevant & essuyant ses larmes.*

Cela étant ainsi, je ne suis pas si près de ma derniere heure que je l'ai crû ; oüi, Seigneur Don Juan, c'est à Don André que j'ai ouvert.

D. JUAN.

Il te l'avoit donc ordonné?.. *bas.* Ah! Perfide ami!

MOGICON.

Assûrément... Mais renguainez, s'il vous plaît, cette maudite dague qui me blesse la vûë, & je vous parlerai sans déguisement.

D. JUAN.

C'est ce que j'exige de toi... ou bien...

MOGICON.

Vous n'avez plus besoin de me menacer. Je vais vous conter tout ce que je sçais, pourvû que vous ne me preniez point à partie, quelque chose que je vous puisse dire.

D. JUAN *remettant son poignard.*

Je te le promets.

MOGICON.

MOGICON.

Sitôt que vous fûtes parti, Don André me dit : retourne chez le bonhomme Don Felix. On t'y croit Valet de Don Juan, & l'on s'imaginera qu'il t'aura fait rester à Valence. Tu m'ouvriras cette nuit la porte de la rüe, & m'introduiras dans l'appartement de Léonor.

D. JUAN *bas*.

Le traître !

MOGICON.

Je refusai d'abord mon ministere, à cause de l'importance de la chose ; mais comme il sçait aussi-bien que vous me prendre par mon foible, il m'engagea à lui rendre ce service à peu près de la même maniere que vous m'engagez à vous l'avoüer.

D. JUAN.

Tu le fis donc entrer.

MOGICON.

Vous n'en devez pas douter. Je lui ouvris, quand tout le monde au logis fut retiré, & dans l'obscurité se glissant usqu'à la chambre de Léonor, il entra dedans, & quelques momens après j'entendis des cris. La boule m'échappa sur ces entrefaites, je me sauvai... Mais voici Don André qui vient. Il peut vous dire la fin de cette avanture; car il la sçait d'original.

D. JUAN.

Je rends graces au Ciel de m'avoir fait connoître enfin la victime que je dois m'immoler.

MOGICON *s'en allant.*

Et moi je ne puis trop le remercier de m'avoir tiré de vos pattes... *bas*... Il faut que je les observe de loin. Ils vont avoir ensemble un entretien fort sérieux.

SCENE III.

D. JUAN, D. ANDRE'.

D. JUAN *mettant l'épée à la main.*

JE suis instruit de ta trahison, perfide.

D. ANDRE'.
Que voulez-vous faire ?

D. Juan.

Punir ton crime.

D. André.

Quel crime ? (*bas*) Mogicon lui aura tout dit.

D. Juan.

Peux-tu l'ignorer, toi qui as eu la lâcheté de le commettre ?

D. André.

(*bas*) Il faut joüer ici d'adresse...
(*haut*) Quoi ! c'est moi que vous soupçonnez ?

D. Juan.

Songe à te défendre.

D. André.

Vous me connoissez, Don Juan. Vous sçavez que je ne suis pas homme à refuser de vous donner la satisfaction que vous me demandez ; mais je veux auparavant vous faire voir que pour un homme d'esprit & de bon sens vous vous laissez furieusement prévenir.

D. Juan.

Que direz-vous qui puisse vous justifier ?

COMEDIE.

D. ANDRÉ.

Comment, juſtifier! au lieu de me rendre graces, vous me faites des reproches? Je vois bien que j'ai pouſſé l'amitié trop loin.

D. JUAN.

Oh ne penſez pas, Don André, éluder par une fable la vengeance que je médite. Aprés ce que votre valet vient de m'apprendre.

D. ANDRÉ.

Mon valet, juſtement mon valet, c'eſt ce que j'attendois...... (*bas*) ôtons-lui l'impreſſion que Mogicon lui a donnée..... (*haut*) Eſt-ce être raiſonnable, Don Juan, que de s'arrêter aux rapports des valets, qui ne ſçavent pas ordinairement les ſecrets motifs qui font agir leurs Maîtres. Un autre à ma place ſe brouilleroit avec vous. Mais moi qui me pique d'avoir une amitié à toute épreuve, je compatis à vos peines; j'excuſe votre erreur, & je veux bien vous pardonner l'injuſtice que vous me faites de me ſoupçonner de la plus grande de toutes les perfidies.

D. JUAN.

Faites-moi donc connoître la fausseté de mes soupçons.

D. ANDRE'.

Cela ne me sera pas difficile, si vous m'écoutez sans prévention.

D. JUAN.

Je souhaite plutôt de vous trouver innocent que coupable.

D. ANDRE'

Je vous dirai donc que pour commencer à m'acquitter des soins que je vous avois promis de prendre pendant votre absence, hier à l'entrée de la nuit j'allai observer les avenues de votre maison. Je remarquai à quelques pas de la porte deux personnes qui s'entretenoient. Je m'approche d'elles, & à la faveur d'une avance que fait le mur en cet endroit, & qui m'empêchoit d'être vû, je prêtai une oreille attentive à leurs discours. C'étoit Don Garcie qui parloit à la suivante de Léonor : ce Cavalier faisoit de grandes plaintes, & disoit entre autres choses qu'il vouloit obtenir par la force ce que l'on avoit jusques-là refusé à ses

COMEDIE.

prieres & à ses soupirs : Que cette même nuit il prétendoit profiter de votre absence, & s'introduire dans l'appartement de Léonor pour contenter sa passion malgré sa résistance.

D. JUAN (*bas*).

Voilà un grand scélérat, ou je suis bien injuste.

D. ANDRE'.

La suivante au lieu de le détourner de ce dessein, me parut l'approuver. Elle lui dit même sur la fin de leur conversation qu'elle l'avertiroit par l'ouverture de la cloison, quand sa maîtresse seroit couchée. Je ne vous dirai pas ce que signifie cette ouverture ; mais je compris par-là que c'étoit apparemment un endroit de la cloison par où les deux amans pouvoient se parler.

D. JUAN (*bas*).

La connoissance qu'il a de cette ouverture me surprend.

D. ANDRE'.

Le concert de Don Garcie & de la suivante me fit trembler pour vous ; & dès qu'ils se furent séparés, ne consultant que l'intérêt que je prenois à votre honneur, j'ordonnai à Mogicon d'aller chez vous & de m'ouvrir la porte quand il croiroit tous les domestiques retirés. Il n'y manqua pas, j'entrai; & quoique dans les ténébres, je ne laissai pas de gagner l'appartement de Léonor. Je cherche à tâtons la porte de sa chambre; je la trouve ouverte; j'en suis étonné; j'écoute avec attention; j'entends un bruit sourd & bientôt crier Léonor. Je vole à son secours, & ma présence rend inutile la violence du téméraire, qui se voyant découvert, a recours à l'artifice. D'auteur qu'il est de l'attentat, il se fait auteur de la défense. Vous arrivâtes alors Don Juan, & votre arrivée m'empêcha de vous venger. Ce n'est pas tout: j'attends ici Don Garcie pour le punir d'avoir osé vous rendre suspects mon zele & mon amitié. A présent que vous êtes parfaitement instruit des motifs des démarches que j'ai faites, si vous persistez dans le dessein de m'ôter la vie, je vais la défendre avec la même ardeur que je l'aurois exposée pour la réparation de votre honneur.

(*Il met l'épée à la main.*)

COMEDIE.

D. JUAN (*bas*).

Si je ne sçavois pas que Don André aime Léonor, je pourrois me laisser éblouir par ses discours.... Cependant il ne s'est point mal justifié; & s'il ne paroît coupable, que parce qu'il est amoureux de Léonor, Don Garcie doit-il passer pour innocent? O Ciel! je sens que je retombe dans mes doutes!

D. ANDRE'.

(*bas*) Il balance, achevons de dissiper ses soupçons.... (*haut*) vous dirai-je encore, Don Juan, une obligation que vous m'avez, & qui sans contredit est plus grande que toutes les autres.

D. JUAN.

Ne me la laissez pas ignorer plus longtems.

D. ANDRE'.

Apprenez qu'avant votre retour de Flandres j'aimois Léonor; mais si-tôt que j'ai sçu qu'elle vous étoit destinée, j'ai combattu, j'ai vaincu mon amour. Après cela, Don Juan, si vous gardez encore quelque ressentiment, me voici prêt à vous faire raison.

D. JUAN.

Quoi ! Alvarade, vous m'avez fait ce sacrifice ?

D. ANDRE'.

Je vous l'ai fait sans héfiter.

D. JUAN.

Jufte Dieu ! où m'alloit entraîner ma fureur ! J'aurois percé le fein du plus fidele de mes amis ! Ah ! Don André, de grace..... (*Il l'embraffe.*) Oubliez dans cet embraffement les foupçons injurieux que je vous ai fait paroître. Compatiffez à ma douleur. J'en ai l'efprit fi troublé, que vous ne devez, cher ami, faire aucune attention à tout ce que je vous ai dit.

D. ANDRE'.

Fi donc ! Don Juan, vous n'y penfez pas. Je vous aime trop pour ne pas excufer tout. (*bas.*) Bon ! Il n'a plus de défiance.... Je veux même vous défaire de Don Garcie; repofez-vous fur moi du foin de votre vengeance.

D. JUAN.

Non, Alvarade; je ne me croirois pas vengé, fi Don Garcie mouroit
d'une

COMEDIE.

d'une autre main que la mienne.

D. ANDRE'.

Vous pourrez donc bientôt vous satisfaire, Don Garcie ne peut tarder.

D. JUAN.

Il ne viendra point. Il n'a pas reçu votre billet. Isabelle sa sœur le lui a caché & m'a averti du rendez-vous.

D. ANDRE'.

Comment ferons-nous donc?

D. JUAN.

Allons le chercher, & l'obliger à tirer l'épée.

D. ANDRE'.

(*bas.*) Je dois empêcher qu'ils ne se parlent; mon artifice pourroit se découvrir.... (*haut*) Allons le chercher, oui.... Faisons mieux.

D. JUAN.

Quoi?

D. ANDRE' *faisant semblant de rever.*

Quand j'examine.... je trouve.... non..... que dis-je? Oui vraiment, c'est le meilleur parti.

D. JUAN.

Faites-le moi donc connoître.

Que la punition soit conforme à l'offense. C'est pendant la nuit qu'il a voulu vous ravir l'honneur : servez-vous aussi de l'obscurité pour conduire vos coups.

D. JUAN.

Que me proposez-vous, Don André ? S'il est traître, son exemple m'autorise-t-il à le devenir ?

D. ANDRÉ.

Ce n'est point être traître que de punir une trahison de la même maniere qu'elle a été faite. Il faut garder les procédés de franchise, lorsqu'il s'agit du point d'honneur ; mais quand il est question de se venger d'un perfide, le ressentiment ne peut fournir des armes trop noires.

D. JUAN.

Un combat seroit un moyen plus noble.....

D. ANDRÉ.

L'évenement en est incertain. Votre ennemi peut vous échapper.

D. JUAN.

Allons donc, cher ami, je m'abandonne à vous. Que faut-il faire ?

D. ANDRÉ.

Don Garcie passa par dessus le mur pour vous offenser, faites la même chose pour en tirer vengeance. Il est déja nuit. Nous sommes près de chez vous. Entrons...... (*bas*) Combien de perfidies faut-il que je fasse pour en cacher une !

SCENE IV.

La Scene est dans l'appartement de D. Garcie.

D. GARCIE *seul.*

Avec quelle rigueur l'infidelle Léonor m'a traité ! Qui l'eût crû ? Est-ce donc cette même Léonor qui paroissoit m'aimer si tendrement ? Qui me promettoit une éternelle fidélité ? Quel fonds peut-on faire après cela sur la constance des femmes ? La volage n'est pas contente de m'ôter l'espérance de la posséder, elle aime déja Don Juan. Ah ! Léonor, vous n'avez jamais été que foiblement prévenue en ma faveur, puisque vous avez pu m'oublier en si peu de tems. Ohla,

Gamache, Beatrix, Galindo, que veux dire ceci ? Je n'entends personne dans toutes ces chambres, & je demeure sans lumiere..., Allons donc, Galindo, quelqu'un.....

SCENE V.

D. GARCIE, GALINDO.

GALINDO *se frottant les yeux.*

Que souhaittez-vous, Seigneur ?

D. GARCIE.

Que diable faisois-tu la dedans ?

GALINDO *yvre.*

J'y faisois ce qu'on fait quand on dort.

D. GARCIE.

Y étois-tu sans lumiere ?

GALINDO *bégayant.*

Oh ! je suis fait à la fatigue, moi, je dors fort bien sans lumiere.

D. GARCIE.

Tu as bu, je pense, tu es yvre.

GALINDO.

J'ai bû, il est vrai, j'ai bû, mais je ne suis pas yvre; tout homme qui est yvre a bû, cela est sans contredit, mais tout homme qui a bû n'est pas yvre.

D. GARCIE.

Qui t'a mis dans ce bel état ?

GALINDO.

J'ai fait une petite débauche avec le Cocher de Léonor.

D. GARCIE.

Le Cocher de Léonor ?

GALINDO.

Oüi, ce coquin, pour célébrer les nôces de sa Maîtresse, s'est enivré; & moi par complaisance j'ai bû avec lui.

D. GARCIE.

Maraud, tu vas te réjouir d'une chose, qui me rend le plus malheureux des hommes.

GALINDO.

C'est le Cocher qui s'est réjoui; j'ai bû sans me réjouir, moi; le souvenir de vos feux méprisés me rendoit si trifte, fi trifte, que tous les coups que je bûvois, étoient autant de coups de poignard.

D. GARCIE.

Je n'en doute pas.

GALINDO.

Je suis entré si vivement dans vos chagrins, que je me suis bourré d'une cinquantaine de coups pour le moins.

D GARCIE.

Va me querir de la lumiere.

GALINDO *cherchant la porte à tâton.*

Vous en aurez bientôt, pourvû que je puisse trouver la porte.

D. GARCIE.

Hâtes-toi.

GALINDO *donnant du ventre contre la porte.*

Voilà une porte qui est bien étroite aujourd'hui.

SCENE VI.

D. GARCIE *seul.*

Après le traitement que j'ai reçu de l'ingrate Léonor, faut-il que j'aye la foiblesse de l'aimer encore? Je sens que ma passion n'a jamais été plus violente. Ciel! L'amour peut-il subsister dans un cœur sans l'espérance?

SCENE VII.

D. GARCIE, GALINDO.

GALINDO *apportant de la lumiere, & tombant.*

Voici de la lumiere... Ce maudit plancher n'est gueres uni.

D. GARCIE *passant brusquement dans une autre chambre.*

Que le diable t'emporte, yvrogne.

Ne te préfente plus devant moi, ou je te roüerai de coups.

SCENE VIII.

GALINDO *se relevant, & cherchant à tâton le flambeau: & la bougie.*

Vous verrez que je ne trouverai ni le flambeau, ni la bougie. Ce n'eſt pas faute de chercher... (*Il ramaſſe le flambeau...*) Ah! Je tiens le flambeau, c'eſt le principal.

(*Il paſſe dans une autre chambre.*)

SCENE IX.

D. JUAN, D. ANDRE', D. GARCIE.

D. JUAN.

Enfin, nous avons franchi le mur & fuivant les obſervations que j'ai faites, nous devons être ici dans l'appartement de Don Garcie.

COMEDIE

D. ANDRÉ.

Ne faisons point de bruit. J'entends marcher quelqu'un.

D. GARCIE *traversant l'appartement*.

Béatrix, où es-tu ? Va voir si ma sœur est retirée.

D. ANDRÉ.

C'est Don Garcie qui vient de parler. Préparez-vous Don Juan.

D. JUAN.

Alvarade, arrêtons un moment. Mon cœur résiste à la trahison que vous me faites faire. Je sens qu'il faudroit me venger plus noblement.

D. ANDRÉ.

Songez à l'affront que vous avez reçu. Rendez-vous maître de cette honteuse foiblesse. Il n'est plus tems de faire des réflexions.

D. JUAN.

C'en est fait, D. André, vous ne vous plaindrez plus. Vous serez content de moi... Mais on vient, écoutons. C'est peut-être Don Garcie.

D. GARCIE *revenant & traversant la chambre où sont D. André & D. Juan*

Je crois que ces coquins de Valets prennent plaisir à me laisser sans lumiere... Holà Gamache.

D. ANDRE'.

Le voilà qui passe. Suivez ses pas. Je vous attends ici; mais prenez garde de le manquer.

D. JUAN *suivant D. Garcie à sa voix.*

Laissez-moi faire... (*D. André demeure dans un coin de la chambre.*)

D. GARCIE *revient dans la même chambre & la traverse encore, & D. Juan le suit le poignard à la main.*

J'ai voulu entrer dans ma chambre; mais la porte en est fermée. Je retourne sur mes pas. Il me semble entendre marcher quelqu'un. Qui va là? On ne répond point. Je vais à la chambre de ma sœur; elle ne doit pas être encore couchée.

Il passe auprès de Don André en traversant la chambre. Don Juan qui le suit, s'embarrasse dans Don André qu'il rencontre, & le prenant pour Don Garcie, le frappe. Don Garcie passe sans s'en appercevoir.

COMEDIE.

D. JUAN *frappant D. André.*

Tien, traître, reçoi le prix de ta lâche trahison.

D. ANDRE' *tombant.*

Je suis mort.

D. JUAN *le frappant encore.*

Tu n'as que trop mérité ce châtiment.

D. ANDRE'.

C'est moi, Don Juan, c'est moi qui t'ai trahi. J'avois résolu d'enlever ta femme.

D. JUAN.

Meurs avec le regret de n'avoir pas exécuté ton dessein. Cherchons Don André pour lui apprendre que je me suis vengé.

SCENE X.

D. JUAN, MOGICON.

MOGICON (*qu'on ne voit pas, frappant à la porte.*)

Ouvrez vîte, ouvrez.

LE TRAITRE PUNI.
D. JUAN.

On frappe rudement à la porte.

MOGICON *qu'on ne voit pas.*

Oüi, Madame, je les ai vûs paſſer pardeſſus le mur, & cela ne ſignifie rien de bon.

LEONOR *qu'on ne voit pas.*

Ouvrez, Iſabelle.

D. JUAN.

C'eſt Léonor. Je reconnois ſa voix... Mais qu'importe qu'elle voye de ſes propres yeux Don Garcie mort.

SCENE XI. *& derniere.*

D. GARCIE, D. JUAN. D. ANDRÉ *mort*, LEONOR, ISABELLE, MOGICON.

D. GARCIE *avec de la lumiere & l'épée nuë.*

Quel bruit ſe fait entendre ?

D. JUAN *voyant D. Garcie vivant & D. André mort.*

O juſte Ciel !

COMEDIE.

D. GARCIE.

Est-ce une illusion ? Vous dans ma Maison, Don Juan, & couvert du sang d'Alvarade !

D. JUAN.

Je m'y étois introduit, Don Garcie, pour vous percer le sein : mon esprit séduit étoit armé contre l'innocent ; mais ma main a trouvé le coupable.

ISABELLE *voyant D. André mort.*

Quel objet s'offre à mes regards ?

D. JUAN.

Don André m'a dit en mourant que c'est lui qui m'a offensé.

D. GARCIE.

Le criminel fuit envain sa peine.

LEONOR.

La trahison cherche le châtiment.

D. JUAN *à Léonor.*

Mon honneur est satisfait. Sortons, Madame.

MOGICON.

Et toi Mogicon, que vas-tu devenir ? Personne ici n'est touché de la mort de Don André : pour moi je dois la pleurer ; il étoit sur le point de me payer mes gages, & je vais avoir affaire à ses héritiers, qui me demanderont peut-être encore du reste.

Fin du cinquiéme & dernier Acte.

DON FELIX
DE MENDOCE.
COMEDIE,
DE LOPE DE VEGA CARPIO.

Cette piece est intitulée dans l'Espagnol Guardar y Guardar se, *garder & se garder. Elle n'a jamais été représentée sur notre Théatre.*

ACTEURS.

D. PEDRE, Roi d'Aragon.
LE COMTE DE TORTOSE, Connétable d'Aragon.
DONA ELVIRE, Sœur du Comte.
HIPOLITE, Cousine d'Elvire.
D. FELIX DE MENDOCE, Cavalier Castillan.
D. CESAR, Capitaine des Gardes du Roi.
BEATRIX, Suivante d'Elvire.
RAMIRE, Valet de Don Felix.
LAZARILLE, } Valets du Comte.
ALONSE, }

La Scene est à Saragoce dans un Salon du Palais qui communique aux Appartemens du Comte & d'Elvire.

DON FELIX
DE MENDOCE.
COMEDIE.

ACTE PREMIER.

SCENE PREMIERE.
LE ROI, LE COMTE.

LE ROI.

Uoi ? lorsque je m'intéresse à la fortune d'Elvire : quand je songe à lui donner un époux, Comte, vous l'éloignez de ma Cour sous un prétexte

vain. C'est mal expliquer mes bontés.

LE COMTE.

Seigneur, j'ai suivi vos ordres, ma sœur a reçu ma lettre & revient. Elle sera ce soir à Saragoce.

LE ROI.

C'est assez, Comte, ne parlons plus du passé. Je prends part plus que jamais au destin d'Elvire. Je veux moi-même lui choisir un Epoux. Cependant n'ayez aucune inquiétude.

LE COMTE.

Seigneur, je me repose sur vos bontés.... *à part*..... Je ne cesse pas de craindre.

SCENE II.

LE ROI, LE COMTE, D. CESAR.

D. CESAR.

UN Cavalier Castillan demande l'honneur de se présenter à votre Majesté.

LE ROI.

Qu'on le fasse entrer.

SCENE III.

LE ROI, LE COMTE, D. FELIX.

D. FELIX *se jettant aux pieds du Roi.*

GRand Roi, qui voyez fleurir sous vos justes loix l'Aragon, Naples & la Sicile, souffrez qu'un soldat de Castille implore contre ses ennemis votre protection puissante.

LE ROI.

Levez-vous, jeune Guerrier, vous portez sur le front le glorieux caractere de la valeur ; je ne puis vous refuser mon appui. Qui vous amene en Aragon ?

D. FELIX *lui présentant un billet.*

Seigneur, avant que je vous en instruise, je vous supplie de lire ce billet.

LE ROI *prenant la lettre.*
au Comte. Comte, laissez-nous.
à Don Felix. qui m'écrit cette lettre ?

le Comte sort.

D. FELIX.

C'est une Dame que j'ai rencontrée à Villareal.

LE ROI *ouvrant le billet.*

Son nom ?

D. FELIX.

Elle défendit à ses domestiques de me l'apprendre.

LE ROI *bas.*

C'est Elvire. Lisons.

(*Il lit.*)

Don Felix de Mendoce a été obligé de quitter la Cour de Castille pour des raisons qu'il doit dire à votre Majesté. Je la supplie très humblement de les écouter & d'avoir la bonté de le protéger contre ses ennemis, qui en veulent à sa vie & à son honneur. Son mérite le rend digne de cette grace, que je prens la liberté de vous demander pour lui.

bas. … Elvire revient, & ce Cavalier pourra m'être nécessaire… *haut.* Don Felix, je connois votre noblesse : je sçai que vous descendez des premiers Goths qui conquirent l'Espagne. Je vous donne un asile en mon palais.

COMEDIE.

Ne craignez rien. Je m'intéresse pour vous.

D. FELIX.

Ah! Seigneur, puissai-je en versant tout mon sang à votre service vous marquer....

LE ROI *l'interrompant.*

Je suis content de votre zele. Dites-moi seulement pour quelle offense votre vie est menacée.

D. FELIX.

Après la conquête d'Antequerre & de Malaga, je m'attachai à une Dame de Toléde nommée Blanche de Guzman. Elle agréa mes soins & elle y répondit. Nos jours couloient dans la plus parfaite intelligence, lorsqu'on apprit à Toléde qu'Almanzor sortoit de Jaën suivi des plus braves guerriers Mores dans le dessein de rétablir sa gloire & de réparer ses pertes passées. Ce bruit réveilla l'oisive jeunesse de notre Cour, & chacun fit ses préparatifs pour aller joindre le Grand-Maître de Calatrava. Il fallut quitter Blanche. Que mon départ lui couta de larmes! J'avois fait travailler en or une devise que je lui donnai. C'étoit un Amour qui expiroit de douleur dans les bras d'une Nymphe. De peur d'abuser de vos bontés, Seigneur, je passerai sous silence ce que nous fîmes contre Almansor.

LE ROI.

Non, Mendoce je suis bien aise de vous entendre raconter le succès de cette guerre.

D. FELIX.

A peine fûmes-nous à Sierra Morena, qu'un mélange agréable de diverses couleurs s'offrit à nos regards. Nous vîmes briller aux rayons du Soleil dans des bannieres d'or & de soye les orgueilleuses Lunes Mores. Nous allons à nos fiers ennemis. Nous les attaquons avec cette furie qui rend les Espagnols si redoutables, & nous en faisons un horrible carnage. Les Mores soutiennent nos premiers efforts sans s'ébranler; mais peu à peu leur ardeur se ralentit, leur courage s'abbat, & la victoire se déclare pour nous. Après leur défaite je retournai à Tolede ; mais, hélas ! Mon retour n'étoit plus souhaité de Blanche ! Son froid accueil

COMEDIE. 143

& son air embarassé me firent pressentir son inconstance, & voici ce qui acheva de m'en éclaircir. Un soir Don Sanche son parent sortoit du palais : ce Cavalier n'avoit point partagé avec nous les périls de la guerre ; il traînoit à la Cour une vie molle & oisive. Je passai près de lui, & je vis à la faveur des flambeaux qui l'éclairoient, briller sur son chapeau la devise que l'infidelle Blanche avoit reçue de moi. Quel fut mon trouble à cette vûe ! Don Sanche, lui dis-je, cette devise seroit plus juste, si la perfide Nymphe, pour avoir manqué de foi, étoit morte elle-même par les mains de l'Amour outragé ! Don Sanche répondit : Qu'importe que cet amour ait perdu la vie, s'il en renaît un autre plus digne de la Nymphe ? Plus digne, m'écriai-je ? Ah ! Si vous ne le sçavez, apprenez que cet amour représentoit le mien, & que je vous surpasse en toutes choses. Vous mentez, dit brusquement D. Sanche, & c'est moi seul qui mérite d'être aimé de Blanche. Je condamne ici, Seigneur, mon emportement ; mais je n'en fus pas maître. Je levai la main, & l'insolent Don Sanche en reçut un honteux châtiment. Il tira l'épée aussi-tôt en criant à ses valets, qui étoient en assez grand nombre, de venger son affront. Ils veulent lui obéir. Ils m'enveloppent. Ils me pressent ; mais ma colere me fait mépriser le péril ; je joins mon rival & je le perce. Il tombe à mes pieds. Je le crois mort, & je ne songe plus qu'à me retirer. Ses valets me poursuivent, mais le mien se serrant à mes côtés, courageusement m'aide à les écarter, & la nuit favorisant notre retraite, nous gagnons la demeure d'un ami qui nous donne deux de ses meilleurs chevaux. Voilà, Seigneur, de quelle maniere je suis venu dans vos états où la fortune a cessé de me persécuter, puisque j'ai trouvé une Dame généreuse, ou plûtôt une favorable divinité dont la compassion....

Le Comte *rentrant dans le salon.*
Seigneur, Elvire vient d'arriver.

Le Roi.

Il suffit. Comte, vous voyez dans ce Cavalier, Don Felix de Mendoce. Il est sorti de Castille pour des raisons qui regardent son honneur & sa sûreté.

Le

Le Roi son maître m'écrit en sa faveur. Je ne puis mieux le confier qu'à votre zele. Vous veillerez sur ses jours & vous m'en répondrez.

LE COMTE.

Je mets ma gloire à vous obéir.

LE ROI *sortant*.

Je mets la mienne à le protéger.

SCENE IV.
LE COMTE, D. FELIX.

LE COMTE.

OUI, Seigneur Don Felix, je prendrai tous les soins dont le Roi vient de me charger. Quand il y auroit ici mille piéges dressés contre votre vie, reposez-vous sur moi, ma vigilance ne vous doit laisser aucune inquiétude.

D. FELIX.

Seigneur, je vous dois trop ; mais je crois vos soins peu nécessaires : mes ennemis n'oseront attenter sur des jours que vous voulez défendre.

LE COMTE.

Quand ils l'oseroient, leurs coups n'iront pas jusqu'à vous. Don Felix, suivez-moi.

D. FELIX.

Je vous suis; mais auparavant permettez que je donne quelques ordres à ce valet.

(Le Comte sort.)

SCENE V.

D. FELIX, RAMIRE.

D. FELIX.

Ramire....

RAMIRE.

Hé bien, de quoi s'agit-il?

D. FELIX.

Il faut que tu partes tout-à-l'heure pour aller à Villaréal.

RAMIRE.

Quoi faire?

D. FELIX.

Remercier la Dame que tu sçais de l'accueil que le Roi m'a fait.

COMEDIE.

RAMIRE.
Peste ? Vous êtes un grand observateur du cérémonial.

D. FELIX.
C'est une chose dont je ne puis honnêtement me dispenser. La reconnoissance.....

RAMIRE.
Dites plûtôt l'amour ; car vous me parlez sans cesse de cette Dame.

D. FELIX.
Je ne m'en défends pas : Elle a sçu me charmer. Dispose-toi, Ramire, à faire ce petit voyage.

RAMIRE.
Je suis tout prêt à remonter à cheval.... mais je vois cette Dame où je meure. Elle vient au-devant de votre compliment.

D. FELIX.
En croirai-je mes yeux ?

RAMIRE.
Croyez-les en toute assurance.

SCENE VI.

D. FELIX, LE COMTE, ELVIRE, BEATRIX, RAMIRE.

LE COMTE.

OUI, ma sœur, c'est un hôte que le Roi nous donne ; aidez-moi à le bien recevoir.

BEATRIX *bas à Elvire.*

C'est Don Felix de Mendoce.

ELVIRE.

au Comte... Je ferai ce que je dois, Seigneur (*bas à Beatrix.*) Beatrix, mon cœur se trouble.

D. FELIX (*bas.*)

Ma surprise est extrême !

RAMIRE *bas à son Maître.*

Ne faites pas semblant de la connoître.

LE COMTE.

Seigneur, vous voyez ma sœur Elvire. Elle s'intéresse autant que moi à votre sort.

BEATRIX (bas.)

Oui, tout au moins.

D. FELIX *saluant Elvire.*

Un frere génereux par cette assurance adoucit, Madame, la rigueur de ma destinée ; mais que dis-je, adoucit ? Déja j'oublie mes peines, & charmé de l'apui que je trouve ici, je benis l'infortune qui me l'a procuré.

ELVIRE.

Jugez de mes sentimens par les vôtres, Seigneur ; mon frere & moi nous prenons intérêt à ce qui vous touche, & notre penchant s'accorde avec l'ordre du Roi. Puissiez-vous trouver en Aragon la fin de vos déplaisirs,

D. FELIX.

Ah ! Madame, que ne vous dois-je point. Je conserverai jusqu'au dernier soupir vos bontés gravées dans mon cœur.

LE COMTE

Ne consumons pas le tems en complimens frivoles. Ma sœur, conduisez le Seigneur Mendoce au salon du Jardin. Je m'y rendrai dans un moment.

Que me veut Alonse ? Il paroît avoir quelque chose à me dire

Don Felix donne la main à Elvire, & sort avec elle, Beatrix & Ramire.

SCENE VII.
LE COMTE, ALONSE.

ALONSE *fouillant dans ses poches, & tirant des papiers.*

QU'est devenu ce papier ?

LE COMTE.

Que cherches-tu ?

ALONSE *fouillant toujours dans ses poches, & tirant des papiers.*

Je cherche.... Oui sans doute, il faut que le diable s'en mêle.... mais celui-ci peut-être.... *lisant* au Comte de Tortose, justement, je croyois avoir perdu cette lettre.

LE COMTE *après avoir ouvert la lettre.*

Je n'y vois pas de seing ! qui peut m'avoir écrit ainsi ?

ALONSE.

Un courier me l'a donnée pour vous la remettre.

COMEDIE.
LE COMTE.
C'est assez, laisse-moi.

SCENE VIII.
LE COMTE *seul*.

(Il lit.)

Pour venger l'affront que votre Excellence fit autrefois à Don Alvar de Mendoce, Don Felix son parent & son intime ami est allé en Arragon, sous prétexte de fuir des gens qui ne le poursuivent pas, mais dans le dessein effectif de vous tuer en trahison. Le Ciel veuille en préserver votre Excellence.

Don Felix est chez moi pour m'ôter la vie ! C'est donc un assassin que le Roi m'a confié. Hé que sçait-on ! Dès ce jour même peut-être le perfide se propose de me percer le sein. Ah lâche ! je veux prévenir ta fureur. Je vais.... Mais suis-je sûr qu'il médite un si noir attentat ? Non, je ne puis me l'imaginer. Don Felix est d'un sang trop noble pour en être capable,

& je crois plûtôt que cettre lettre est l'ouvrage de ses ennemis. Ils voudroient lui ôter tout azyle : mais ils le servent, au lieu de m'armer contre lui… Que dis-tu, malheureux ? Peux-tu avoir oublié l'outrage que tes feux parjures ont fait à Don Alvar ? Tu enlevas de chez lui sa trop crédule sœur, & malgré la foi jurée tu refusas sa main. Après cela, tes jours peuvent-ils être assurés ? Il n'en faut plus douter : Don Felix vient venger cet affront. Juste Ciel ! dans quelle confusion de pensées me jette cette lettre ! ce n'étoit donc pas assez que l'amour du Roi me causât de l'inquiétude, il faut encore que je craigne pour ma vie. O Don Pedre, O Mendoce, funestes à mon repos ! ou plûtôt, c'est à vous, ô vengeance céleste, que je dois imputer le désordre où sont mes esprits !… Quelles indignes terreurs ! Quelle foiblesse à moi de les écouter ! Bannissons-les. Puisque l'on m'avertit de me tenir sur mes gardes, me convient-il de craindre ? Observons tout. Gardons mon ennemi, la générosité m'y oblige, ma parole m'y engage, & mon Roi me le commande.

Fin du premier Acte.

ACTE SECOND.

SCENE PREMIERE.

D. FELIX, RAMIRE.

D. FELIX.

Quel bonheur, Ramire !

RAMIRE.

Mon Maître, s'il vous plaît, allons doucement. La Dame de Villaréal se trouve sœur du Connétable d'Aragon : le Roi nous loge avec elle : vous aurez souvent occasion de la voir & de lui parler : tout cela vous réjouit, n'est-ce pas ?

D. FELIX.

Infiniment.

RAMIRE.

Cela m'afflige fort, moi.

D. FELIX.

D'où vient ?

RAMIRE.

Je crains qu'on ne vous aime.

Comment, maraud, c'est ce que je désire avec ardeur.

RAMIRE.

Vous avez tort. Encore pour aimer, passe ; cela ne sçauroit nous faire beaucoup de mal ; mais d'être aimés, Peste le Ciel nous en préserve.

D. FELIX.

Pourquoi ?

RAMIRE.

C'est que j'y vois deux inconvéniens. Le premier, votre amour est un crime de leze-majesté. Le Roi a fait au Comte un mistere de la lettre d'Elvire, & lui a même dit que le Roi de Castille lui a écrit en votre faveur. Ce mensonge me fait faire des réflexions qui m'allarment pour vous & pour moi.

D. FELIX.

Venons au second inconvénient.

RAMIRE.

Il me paroît aussi dangereux que le premier.

D. FELIX.

Voyons.

RAMIRE.

Si le Comte vient à flairer votre amour, crac, il nous mettra tous deux à la porte.

D. FELIX.

Oh! Je m'étudierai à lui cacher mes sentimens.

RAMIRE.

Vous avez fort bien commencé: hier dans le salon du Jardin, il vous échappa des marques de passion, dont je suis sûr que le Connétable s'apperçut; car il avoit l'air inquiet, & je remarquai même qu'il vous observoit avec une attention mêlée de défiance. Si vous ne devenez plus circonspect, il nous faudra bientôt plier bagage.

D. FELIX.

Ne te mets point en peine, mon ami; mes paroles & mes actions seront bien mesurées; mais n'espere pas que je puisse cesser d'aimer Elvire. Je suis trop épris de sa beauté; & d'ailleurs ce seroit une bassesse de cœur à moi de me défendre de cet amour, de peur d'y rencontrer des obstacles.

RAMIRE.

Ce seroit plûtôt un trait de prudence. Parbleu! Si vous ne pouvez vivre sans Maîtresse, que ne consacrez-vous votre oisiveté à l'aimable Hipolite qui vous lorgne, ce me semble, assez tendrement? Elle n'est pas, à la vérité, si belle qu'Elvire sa cousine, ni tout à fait si jeune; mais en récompense vous n'aurez point de dangereux compétiteur à craindre.

D. FELIX.

Discours inutiles, mon enfant! Je ne puis aimer que la sœur du Connétable. Pour elle seule...

RAMIRE.

Chut... Voici sa confidente.

SCENE II.

D. FELIX, RAMIRE, BEATRIX.

BEATRIX.

Quoi déja levé! Seigneur Don Felix, vous êtes diligent.

COMEDIE. 157
D. FELIX.
Ah! ma chere Béatrix, l'amour ne permet gueres de reposer.
RAMIRE.
Non, ma foi, le repos n'est pas fait pour les Amans, encore moins pour leurs Valets.
BEATRIX.
Quelque Dame de Tolede cause sans doute votre inquiétude.
D. FELIX.
Les soucis que j'avois en Castille, ne sont pas ceux qui m'occupent en Arragon.
BEATRIX.
C'est-à-dire que ma Maîtresse...
D. FELIX.
Je l'adore, & c'est d'elle que dépend le bonheur ou le malheur de ma vie.
BEATRIX.
Vous êtes donc bien amoureux.
RAMIRE.
A la folie.
D. FELIX.
Mon amour ne peut augmenter. Que fait la charmante Elvire? Le sommeil

apparemment la tient encore dans ses bras.

BEATRIX.

Non elle est à sa toilette.

RAMIRE.

Elle a peut-être aussi ses inquiétudes.

BEATIX.

Voilà un homme d'une grande pénétration.

RAMIRE.

Nous ne sommes donc pas si diligens, puisque le Soleil est déja levé.

BEATRIX.

Oh! point de raillerie! Je vous jure que l'Astre du jour n'est pas plus brillant lorsqu'il sort du sein de l'Onde, que ma Maîtresse quand elle sort de son lit.

D. FELIX.

J'en suis persuadé. Heureux qui pourroit la voir à sa toilette!

BEATRIX.

C'est un plaisir que je vous procurerai, si vous le souhaitez.

D. FELIX.

Si je le souhaite! Ah, ma chere

Béatrix, que je t'aye cette obligation.
BEATRIX.
Approchez-vous de la porte; elle est entr'ouverte; mais ne faites pas de bruit. Couvrez-vous de la portiere, & considerez Elvire tout à votre aise.

D. Felix s'approche de la porte de la chambre d'Elvire.

RAMIRE *à Béatrix.*
La bonne Béatrix fait obligeamment tout ce qui dépend de son petit ministere.
BEATRIX.
Affûrément. Ne faut-il pas faire plaisir quand on le peut?
RAMIRE.
La belle ame! Puisque vous prenez plaisir à obliger le prochain, il faut Mademoiselle Béatrix, que je vous offre une occasion d'exercer votre humeur bienfaisante... Je me sens du goût pour vous... & je voudrois...

(*Il lui prend la main.*)
BEATRIX *le repoussant.*
Parlons, je vous prie, sans gesticuler. Vous m'aimez, dites-vous?

RAMIRE.

Puisque mon Maître aime votre Maîtresse, il faut bien que je vous aime aussi. C'est la regle en Castille.

BEATRIX.

On en use à peu près de même en Arragon.

RAMIRE.

J'en suis ravi.

BEATRIX.

Vous avez donc envie de me plaire?

RAMIRE.

Vous n'en devez pas douter.

BEATRIX.

Cela étant ainsi, je crains fort...

RAMIRE.

Quoi?

BEATRIX.

De vous trop aimer.

RAMIRE.

Tout de bon? Me trouvez-vous assez bien taillé pour mériter...

BEATRIX.

Comment bien taillé? Vous êtes fait à peindre. Vous avez un air original.

RAMIRE.

COMEDIE.

RAMIRE.

bas... Je l'ai charmée. Vivat... Effectivement j'étois sans vanité à Tolede la cocluche des filles de bon goût.

BEATRIX.

Je crois cela sans peine; mais dites-moi franchement, Monsieur Ramire; si vous aimez avec délicatesse. Vous contentez-vous d'inspirer de tendres sentimens?

RAMIRE.

Fi donc, me prenez-vous pour un fat? Je suis homme réel, Mademoiselle Béatrix.

BEATRIX.

Je vous entends; & votre franchise m'enchante. Oh, bien puisque vous me parlez à cœur ouvert, je veux suivre votre exemple, & vous avouer de bonne foi que je ne suis pas de bronze.

RAMIRE.

Je le crois bien. Quelle sincerité! Que les Arragonoises sont traitables!

BEATRIX.

Oüi; mais elles ont un défaut qui pourra vous dégoûter d'elles.

Tome I.   O

RAMIRE.

Quel défaut ?

BEATRIX.

Elles sont capricieuses & sujettes à des envies bizares, à des fantaisies ridicules, que leurs Amans sont obligés de satisfaire, s'ils en veulent obtenir des faveurs.

RAMIRE.

Il n'est pas possible.

BEATRIX.

Pardonnez-moi. Par exemple, il m'en vient une en ce moment qu'il faut que vous contentiez.

RAMIRE.

Quelle est-elle, s'il vous plaît ?

BEATRIX.

Ce n'est qu'une bagatelle, qu'un rien.

RAMIRE.

Mais encore ?

BEATRIX.

Faites-moi présent d'une de vos oreilles.

RAMIRE.

Plaît-il ?

COMEDIE.

BEATRIX.

Allons, coupez-vous tout à l'heure une oreille, & me la préfentez galamment. Je la mettrai dans mon Cabinet avec une douzaine d'autres que j'ai.

RAMIRE.

Comment diable ! une oreille !

BEATRIX.

Hâtez-vous de me donner ce petit témoignage de tendreffe.

RAMIRE.

Quelque fot, ma foi ! Voilà de plaifantes fantaifies.

BEATRIX.

Quoi donc ! vous balancez, je penfe.

RAMIRE.

Non, Mademoifelle Béatrix, non, je ne balance point du tout : je ne donnerois pas feulement le bout de mon oreille pour toutes les filles d'Arragon.

BEATRIX.

Ma Maîtreffe m'a chargé d'une commiffion : pendant que je m'en acquitterai, vous ferez vos réflexions là-deffus.

SCENE III.

D. FELIX *à la porte d'Elvire*.
RAMIRE.

Ramire.

Elles sont toutes faites... Maugrebleu de l'impertinente avec son envie. Ma foi, si elle veut que je m'amuse à lui en conter, il faudra bien qu'elle change de note.... Mais ouf ! je vois venir le Comte. Il va surprendre mon Maître à la porte d'Elvire. Nous avons bien la mine de n'être pas long-tems pensionnaires dans cette Maison.

SCENE IV.

D. FELIX, RAMIRE,
LE COMTE.

Le Comte *surprenant D. Felix à la porte d'Elvire*.

Ici D. Felix ! Que faites-vous, Mendoce, à cette porte si matin ? Est-ce que vous voulez entrer dans la chambre d'Elvire ?

COMEDIE.

D. Felix *troublé.*

Seigneur...

Le Comte.

Pourquoi vous troublez-vous?

D. Felix.

Je crains de vous avoir déplû. Excusez mon erreur, j'ignorois que je fusse ici dans son appartement, & je cherchois le vôtre pour vous y rendre mes devoirs.

Le Comte.

Je vous suis obligé. N'irez-vous pas au lever du Roi?

D. Felix.

J'y vais de ce pas, mais c'est avec le déplaisir de vous avoir chagriné par mon ignorance.

Le Comte.

Je suis content, Mendoce, & je vous fais des excuses d'avoir eu des soupçons de vous.

D. Felix & Ramire se retirent.

SCENE V.
LE COMTE *seul.*

Quel étoit son dessein ? Il cherchoit, m'a-t-il dit, mon appartement. Il m'y croyoit sans doute enseveli dans un profond sommeil, & il vouloit s'y introduire pour m'assassiner. Mais rejettons cette pensée. Quand j'observe son visage & son maintien, je n'y vois rien qui doive m'être suspect. S'il étoit venu de Castille dans la résolution qu'on lui impute, il me semble que son air seroit moins ouvert, & ses regards moins assûrés. Je veux lui parler, & lui faire connoître les soupçons dont je suis la proye... Que dis-je ? Non, gardons-nous en bien. Le Roi pourroit m'accuser de crainte & de défiance. Mon honneur ne le peut souffrir... Holà, quelqu'un... Il faut pourtant que je sçache...

SCENE. VI.

LE COMTE, ALONSE.

ALONSE.

Seigneur...

LE COMTE.

Alonse, va dans l'appartement de Don Felix, & si tu y trouves des armes, apporte les.

ALONSE *sortant*.

J'y cours.

LE COMTE.

N'écoutons plus d'injustes soupçons. Don Felix n'est point capable de former une si lâche entreprise. Rendons lui plus de justice. S'il avoit résolu de venger Don Sanche de l'affront que j'ai fait à sa famille, il m'en auroit déja demandé raison par les voyes ouvertes à l'honneur offensé.

ALONSE *revenant avec un pistolet & une bouteille*.

J'ai trouvé ce pistolet à la ruelle du lit du Castillan.

168 D. FELIX DE MENDOCE.

LE COMTE *prenant le pistolet.*

Donne... Et son Valet avoit-il aussi des armes ?

ALONSE *lui montrant la bouteille.*

Voilà toute son armure.

LE COMTE *garde le pistolet.*

Reporte cette bouteille.

ALONSE *bas en s'en allant.*

Tout ceci m'est diablement suspect.

SCENE VII.

LE COMTE *seul, & tenant le pistolet.*

O Toi, noir instrument des Enfers, subtile vapeur, qui portes un trépas certain à travers la flâme & le bruit, toi, qui a été inventé par les ames lâches pour surmonter le courage & la vertu, Est-ce par ton moyen que ma mort se prépare ?

SCENE VIII.

SCENE VIII.
LE COMTE, ELVIRE.

ELVIRE.

QU'y a-t-il, Seigneur ? Je vous trouve avec des armes, & vous me paroissez ému.

LE COMTE.

Don Felix est commis à ma foi. Je dois veiller à sa conservation. Cela demande des soins. Il avoit ce pistolet caché dans la ruelle de son lit.

ELVIRE.

Il est en garde contre ses ennemis.

LE COMTE.

Il fait bien de se précautionner contre la trahison. C'est un acte de prudence. Je vais remettre cette arme où elle étoit, quoiqu'elle lui soit inutile, puisque j'embrasse sa défense.

(*Il s'en va.*).

SCENE IX.

ELVIRE *seule*.

Elvire, quelle est ta foiblesse! toi, qui as défendu constamment ton cœur contre les soins empressés d'un Roi jeune & puissant, tu te rends sans résistance aux premieres démarches qu'un Etranger fait pour te plaire. O Amour! ce sont là de tes coups.

SCENE X.

ELVIRE, HYPOLITE.

HYPOLITE.

Ma cousine, il court un bruit qui me fait grand plaisir: on dit que votre mariage est arrêté. J'y prends trop de part pour ne vous en pas féliciter.

ELVIRE.

Et qui me donne-t-on pour époux?

HYPOLITE.

Quoi! vous l'ignorez?

COMEDIE.

ELVIRE.

Comment pourrois-je le sçavoir ? Je vis sous la garde d'un frere soupçonneux qui ne me laisse voir personne. Il vient de me quitter. Il ne m'a pas dit le moindre mot de ce bruit dont vous me parlez. Tout ce que je puis penser de ce mariage, s'il se fait, c'est qu'il ne sera pas suivant mon inclination.

HYPOLITE.

D'où vient ? Le sort pourroit vous destiner certain époux, dont votre cœur & votre gloire auroient lieu de se contenter.

ELVIRE.

Si vous me nommez le Roi, qui pourra croire ce bruit ?

HYPOLITE.

On assure pourtant que ce Prince veut vous épouser; & si la chose se trouve véritable, Elvire, vous devez à votre tour me faire compliment.

ELVIRE.

Sur quoi ?

HYPOLITE.

Sur mon mariage ?

P ij

ELVIRE.

Avec qui?

HYPOLITE.

Avec celui qui n'avoit des yeux que pour vous à Villaréal: avec D. Felix de Mendoce.

ELVIRE.

Que dites-vous?

HYPOLITE.

Je dis que si l'Aragon vous a pour Souveraine, j'espere que vous favoriserez le penchant que j'ai pour ce Cavalier. Puisqu'il ne peut être à vous, vous voudrez bien qu'il soit à moi; & je me flatte que par votre faveur il obtiendra des titres à pouvoir prétendre à la Cousine de la Reine... Mais, Elvire, pourquoi m'écoutez-vous d'un air chagrin?

ELVIRE.

C'est pour vous répondre sans parler.

HYPOLITE.

Est-ce que mon amour vous déplaît?

ELVIRE.

Ne le voyez-vous pas bien?

COMEDIE. 173
HYPOLITE.
Vous aimez donc Mendoce ?
ELVIRE.
Sans vous découvrir ici mes sentimens, je vous apprens, Hypolite, que ce prétendu mariage du Roi dont vous voulez repaître mon espérance, n'est qu'un faux bruit. Cessez de vous en applaudir, & de nourrir un malheureux amour. Quand votre flâme & vos charmes vous donneroient des droits sur le cœur de Mendoce, ne suffit-il pas qu'il m'aime, pour vous ôter l'espoir & même le désir de l'enflâmer ?

(*Elle sort.*)

SCENE XI.
HYPOLITE *seule*.

Qu'as-tu dit, imprudente Hypolite ? Tu as trop parlé. Elvire est ta rivale. Elle est jalouse. Don Felix en est épris. Triomphons de ma tendresse. Je le dois, & je le puis : Mendoce ne l'a point fortifiée par des empressemens. Il ne la merite pas...*appercevant D. Felix*...

mais je le vois avec le Roi. Retirons-nous. Je ne dois songer desormais qu'à fuir sa presence.

SCENE XII.
LE ROI, D. FELIX.

LE ROI.

OUI, Mendoce, le Roi votre Maître m'a écrit en votre faveur. Sa recommandation augmente l'estime que j'avois déja pour vous... mais, dites-moi, êtes-vous content du Comte?

D. FELIX.

Seigneur, je ne puis trop m'en louer, & je crains de ne pouvoir jamais assez le reconnoître...

LE ROI.

Et la charmante Elvire seconde-t-elle les soins de son frere?

D. FELIX.

Elle me considere plus que je ne merite, ou plûtôt, Seigneur, comme un homme qui lui est presenté de la main de son Roi.

LE ROI.

Dites-moi sincerement votre pensée, D. Felix ; avez-vous vû de plus belles Dames que la sœur du Connétable ?

D. FELIX.

Je ne crois pas qu'il y en ait au monde. Quelque prévenu que je sois pour Blanche-de-Guzman, j'avoue que sa beauté n'égale pas celle d'Elvire.

LE ROI.

Puisque vous m'avez confié vos secrets, Mendoce, je veux aussi que vous deveniez mon confident.

D. FELIX.

Je connois tout le prix d'une pareille faveur... (*bas*) O Ciel, que va-t-il m'apprendre !

LE ROI.

Je trouve dans l'aimable Elvire tout ce qui est capable d'enflammer un cœur. Aussi le mien brûle-t-il pour elle de l'ardeur la plus vive... Mais que vois-je ? Vous vous troublez. D'où peut naître ce trouble ?

D. FELIX, *embarrassé*.

Seigneur, je ne puis vous cacher

l'embarras... (*bas*) que lui dirai-je?

LE ROI.

Dans quel embarras êtes-vous? Parlez.

D. FELIX.

J'apprehende que le Connétable ne m'accuse d'ingratitude d'entrer dans ces sortes de confidences...

LE ROI.

Je vous entends, Don Felix ; mais n'ayez point de scrupule là-dessus. En attendant que j'épouse l'heritiere de Portugal qui m'est promise, je suis bien aise d'amuser mon cœur sans méditer rien qui puisse offenser l'honneur du Comte. Parlez de ma part à Elvire. Dites-lui que je la conjure de m'accorder un entretien cette nuit. Je me rendrai sous son balcon, & vous m'accompagnerez. Que ce rendez-vous, Mendoce, ne blesse point votre délicatesse. Un amour qui ne s'exprime que de loin ne fait pas trembler la vertu. Faites-moi sçavoir par un billet la réponse de cette Dame.... (*Il sort.*)

D. FELIX.

Je vais exécuter les ordres de votre Majesté.

SCENE XIII.
D. FELIX, LE COMTE.
D. FELIX.

JUste Ciel ! mon malheur se peut-il concevoir ? Blanche me manque de foi, & lorsque consolé de son infidelité, je me livre à un nouvel amour, je trouve un Roi épris de ce que j'aime. C'en est trop, je cede à la rigueur de mon sort. Je ferai ce que ce Prince attend de moi : Je parlerai à Elvire ; & si je la vois disposée à me préferer mon rival, je me percerai le sein, pour finir ma déplorable vie.

LE COMTE, *paroissant sur la scene.*

(*bas*)... J'apperçois Don Felix. Il parle tout seul avec agitation. Ecoutons ce qu'il dit.

D. FELIX.

Cessez parens de Don Sanche, cessez de chercher des vengeurs. Vous n'avez qu'à me laisser faire.

LE COMTE.

Approchons-nous de plus près de

lui pour mieux l'entendre. Il parle de vengeurs.

D. FELIX, *fans voir le Comte.*

Je vous déferai moi-même de votre ennemi. Il recevra cette nuit de ma main le coup mortel.

LE COMTE.

Le perfide ! Je ne puis plus douter de ses intentions.

D. FELIX.

Dans quel désordre de pensées je suis !... *appercevant le Comte.* Ciel ! Voici le Connétable ! Il m'a peut-être entendu.

LE COMTE.

(*bas*) Il m'a vû. Ma présence l'embarasse... (*haut*) Qu'avez-vous, Mendoce ? Quel trouble vous saisit ?

D. FELIX.

Un vif ressouvenir de mes malheurs m'a causé un transport que je n'ai pû retenir. Il est des momens où mon courage succombe sous le poids de mes peines. Je dois, Seigneur, vous cacher ma foiblesse.

(*Il sort.*)

SCENE XIV.

LE COMTE *seul.*

SA trahison est averée. Il adressoit sans doute les paroles que j'ai entenduës à Don Alvar son parent. Il lui renouvelloit le serment qu'il lui a fait de le venger. Allons trouver le Roi, & faisons, s'il est possible, qu'il me décharge du soin de garder plus long-tems un hôte si dangereux.

Fin du second Acte.

ACTE TROISIE'ME.

SCENE PREMIERE.

LE ROI, LE COMTE.

LE ROI.

VOus ne pouvez, dites-vous, garder Mendoce !

LE COMTE.

Seigneur, chargez un autre que moi

de cet emploi, je vous en supplie. Je ne suis pas le seul dans votre cour qui puisse s'en acquitter. D'ailleurs, les belles qualitez de Don Felix, sa jeunesse & ses agrémens peuvent me servir d'excuse... si ma sœur...

LE ROI.

C'est-à-dire, que vous craignez pour votre honneur.

LE COMTE.

Est-ce vous déplaire, Seigneur ?

LE ROI.

Oui, Comte, c'est me déplaire, que de m'obéir à regret. Qu'est-ce donc qui vous rend la garde de Don Felix si difficile ? Est-ce en effet son merite qui vous allarme ? Non, vous connoissez trop la vertu d'Elvire pour vous en défier.

LE COMTE.

Un plus juste sujet de crainte m'occupe & m'inquiete. On m'écrit de Castille que Don Felix ne vient en Aragon que dans le dessein de m'assassiner.

LE ROI, *tirant une lettre de sa poche.*

N'ajoutez pas foi à cet avis imposteur.

Croyez-en plûtôt cette lettre du Roi de Castille; elle rend justice à Mendoce, & doit calmer vos inquiétudes...

(*Il donne la lettre au Connétable & sort.*)

SCENE II.
LE COMTE *seul.*

Dans quel embarras je me trouve! Lisons cette lettre. Puisse-t-elle me remettre l'esprit.

(*Il lit.*)

Si Don Felix de Mendoce implore la protection de votre Majesté, je vous prie de la lui accorder. Je m'interesse à la vie de ce Cavalier, parce qu'il le mérite, & que son pere a perdu la sienne à mon service. La trahison attentera vainement sur lui, s'il peut obtenir votre appui. Le Ciel garde votre Majesté.

LE ROI DE CASTILLE.

Cette lettre me rassure. Je vois bien que j'ai eu tort de soupçonner de perfidie un Cavalier tel que Mendoce qui est estimé de son Roi. Les paroles que j'ai tantôt entenduës avoient assurement un autre sens que celui que je leur ai donné.

SCENE III.

LE COMTE, D. FELIX, RAMIRE.

D. FELIX, *bas à Ramire.*

FAut-il que je rencontre ici le Connétable ! Que lui dirai-je ?

LE COMTE (*appercevant D. Felix.*)

(*bas...*) Voilà Don Felix. Recevons-le d'une maniere qui lui fasse connoître que j'ai perdu toute défiance... (*haut*) Seigneur, pardonnez-moi si je vous laisse. Je vais reporter au Roi ce billet. Vous le voulez bien ?

D. FELIX.

Vous me rendez confus d'avoir pour moi ces égards.

(*Le Comte sort.*)

SCENE IV.

D. FELIX, RAMIRE.

D. FELIX.

A juger de ses sentimens par l'air dont il vient de me parler, il me paroît n'avoir aucun soupçon de mon amour. Il faut qu'il ne m'ait point entendu tantôt. Je me suis allarmé mal-à-propos, Ramire, qu'en dis-tu ?

RAMIRE.

Je dis que cela est fort problématique. On ne lit guéres les pensées d'un Courtisan sur son visage. Ces Seigneurs là, comme vous sçavez, embrassent quelquefois pour étouffer.

D. FELIX.

Quoiqu'il en soit, je veux profiter des momens que son absence me laisse. Je vais chercher sa sœur.

RAMIRE.

Qui vous cherche aussi peut-être, car je la vois qui s'avance.

D. FELIX.

Retire-toi pour un instant.

SCENE V.

D. FELIX, ELVIRE.

ELVIRE.

JE croyois mon frere ici.

D. FELIX.

Madame, il est avec le Roi. Pendant ce tems-là, permettez que je m'acquitte du triste emploi dont je suis chargé. Le Prince ne s'est pas contenté de me faire la cruelle confidence de sa passion, il m'a ordonné de vous demander pour lui un entretien cette nuit.

ELVIRE.

Et vous avez accepté la commission?

D. FELIX.

J'ai voulu m'en défendre & m'excuser sur la reconnoissance que je dois au Connétable, mais le Roi m'a fermé la bouche en m'assurant de ses intentions. Il vous aime, dit-il, sans avoir la moindre vûë qui puisse blesser votre vertu. En effet, quelle plus grande sûreté pouvoit-il vous donner de la pureté de ses sentimens que le lieu où il souhaite de
vous

vous entretenir? Il ne vous parlera que du bas de votre balcon.

ELVIRE.

Ah! Don Felix, que vous aimez foiblement! Si vous étiez bien amoureux, vous vous seriez dispensé de prêter votre entremise. Que dis-je? vous auriez perdu la vie plûtôt que de faire ce que vous faites. Quoi l'empressement d'un amant couronné n'a pû vous rendre jaloux? C'est pourtant la premiere loi de l'amour de craindre les progrès d'un rival. L'amour sans jalousie n'est qu'une tranquille amitié. Si persuadé de ma vertu vous vous reposez sur mon courage & sur ma foi, je vous suis bien redevable de l'estime que vous me marquez, mais songez, Mendoce, que je suis femme, & que le Roi peut devenir amant aimé.

D. FELIX.

Cessez de me faire d'injustes reproches. Ah! Madame, que ne pouvez-vous lire dans mon cœur? Vous verriez que j'ai de mortelles allarmes. Que n'ai-je pas souffert quand le Roi m'a découvert sa passion! Mais, belle Elvire, il falloit dissimuler. Il falloit vous perdre ou payer si cher le plaisir de vous voir.

Tome I.   Q

ELVIRE *d'un air tendre.*

Ne me trompez-vous point ?

D. FELIX.

Que dites-vous ? ô Ciel ! Vous oubliez que vos charmes sont tout-puissans, & qu'en vous voyant pour la premiere fois je vous consacrai tous les momens de ma vie. Hélas ! adorable Elvire, quelle sera ma destinée ? Serez-vous favorable à mes vœux ? Puis-je me flatter que vous préferez Don Felix...

ELVIRE.

Oüi, Mendoce, l'amant qui regne en Aragon, n'est pas celui qui regne dans mon cœur. C'est vous en dire trop, adieu, votre interêt m'oblige à ménager votre rival ; faites-lui esperer la satisfaction qu'il me demande.

D. FELIX *se jettant à ses genoux.*

Quelles bontés, Madame ! Permettez qu'à vos pieds.

ELVIRE.

Levez-vous. Mon frere pourroit nous surprendre. Je vous laisse.

(*Elle sort.*)

SCENE VI.

D. FELIX seul.

O fortune, je cesse de me plaindre de toi! Je te pardonne les maux que tu m'as fait souffrir. Je suis aimé d'Elvire! Ce bonheur ne peut être trop acheté.

SCENE VII.

D. FELIX, RAMIRE.

RAMIRE.

SI j'en dois croire votre air joyeux, vos affaires ne vont pas mal.

D. FELIX.

Elles vont tout au mieux.

RAMIRE.

Le Ciel en soit loüé; mais il faut prendre garde que le Connétable où le Roi ne s'apperçoive de votre bonheur; car il ne seroit pas de longue durée.

D. FELIX.

Apporte-moi de l'encre & du papier.

RAMIRE.

Il y en a sur cette table.

D. FELIX.

Je vais écrire au Roi, & tu lui porteras le billet.

RAMIRE. *donnant un siége à son maître.*

Voilà un siége.

D. Felix se met à écrire sur une table. Pendant ce tems-là, on crie derriere le Théâtre, & l'on entend un bruit d'épées.

SCENE VIII.

D. FELIX, RAMIRE. Valets derriere le Théâtre.

UN VALET *derriere le Théâtre.*

Ah ! voleur !

UN AUTRE VALET *derriere le Théâtre.*

Ah ! Traître !

D. FELIX *se levant & s'en allant.*

Je veux sçavoir ce que c'est que ce bruit. Peut-être y ai-je interêt.

COMEDIE.

RAMIRE.

Je vous suis; & s'il faut olinder, nous allons voir beau jeu.

Ils sortent tous deux par une porte, & le Comte entre par une autre.

SCENE IX.

LE COMTE *seul.*

Depuis que j'ai lû la lettre du Roi de Castille, j'ai l'esprit en repos.

(*Il appercoit sur la table la lettre que D. Felix à commencée. Il s'approche, & la prend.*)

Que vois-je! Don Felix écrivoit ici, ce me semble; il n'avoit encore tracé que quelques lignes. N'importe, lisons-les.

(*Il lit.*)

J'ai fait toutes les diligences possibles pour vous donner satisfaction. Je vous la promets; mais le Connétable est sur ses gardes. Néanmoins j'espere mettre sa vigilance en défaut.

C'est tout ce qu'il a écrit; mais n'en est-ce pas assez? O Ciel! quand je me crois hors de péril, je vois que j'ai tout à craindre... Relisons.

(*Il relit.*)

J'ai fait toutes les diligences possibles pour vous donner satisfaction... N'est-ce pas comme s'il y avoit : j'ai fait ce que j'ai pû pour trouver l'occasion de faire mon coup... *Il continue de lire... Je vous la promets ; mais le Connétable est sur ses gardes...* c'est-à-dire, que le lâche m'auroit déja assassiné, si ma défiance n'eût dérobé ma vie à ses coups... *Il continue de lire... Néanmoins j'espere mettre sa vigilance en défaut...* Ah ! perfide, je t'en défie. Je sçaurai toujours rendre inutile la noire trahison que tu medites ;... écrivons quelques mots au bas de son billet. Faisons-lui connoître que j'ai pénétré son dessein.... *Après avoir écrit...* Ces paroles suffisent. Je sors avant qu'il puisse me surprendre.

(*Il sort.*)

SCENE X.
D. FELIX, RAMIRE.
RAMIRE.

CE n'étoit qu'une querelle de valets. Cela ne manque jamais d'arriver, quand il y a du vin fur jeu. Moi-même quelquefois je m'en mêle comme un autre, & quand je fuis entre deux vins, je fuis diablement querelleur. J'ai le vin bas-Breton.

D. FELIX.

Je reviens achever mon billet.... Mais qu'eſt-ce que j'apperçois ? Ramire, ou j'ai perdu l'eſprit, ou quelqu'un eſt entré ici depuis que nous en ſommes ſortis.

RAMIRE.

Qui vous le fait juger ?

D. FELIX.

Voici des mots tracés d'une main étrangere.

RAMIRE.

Eſt-il poſſible ? Le diable ſçait donc

écrire. Voyons un peu ce qu'il a grif-
fonné.

D. Felix *lit.*

*Arrête, Don Felix, les loix de l'hospi-
talité sont sacrées. Elles furent toujours
respectées des cœurs nobles.*

Ramire, je suis perdu !

RAMIRE.

Quoi ! le Comte est le diable.

D. FELIX.

Il aura tout pénétré !

RAMIRE.

Quelle imprudence aussi de quitter
une lettre commencée ! Vous méritez
bien la petite mortification qui vous
en revient. Ecoutez ce qu'un Sage a
dit là-dessus, cela vous servira d'instruction pour une autre fois. Il disoit
qu'on n'avoit point dû faire les serru-
res & les cadenats pour les portes,
mais pour les lettres qui renferment
des choses importantes. Eh ! n'a-t-il
pas raison ? Que de malheurs sont ar-
rivés par des lettres surprises ou négli-
gées ! Combien de femmes perdues
d'honneur ! Combien de maris dé-
trompés !

D. FELIX.

COMEDIE.

D. FELIX.

Je vais informer le Roi de ce contretems. Le Comte vient. Je suis dans un trouble inconcevable, évitons sa présence.

SCENE XI.

LE COMTE, ELVIRE.

LE COMTE

JE ne puis vous le celer, ma sœur ; je suis la proye d'une inquiétude qui m'agite sans relâche. Le soin de garder le Castillan m'occupe trop. Il met en danger ma vie & mon honneur.

ELVIRE.

Votre vie & votre honneur ?

LE COMTE.

Sans doute. Un homme tel que Mendoce chez moi doit troubler mon repos. Il est bien fait & galant, vous êtes belle ; en faut-il davantage pour donner occasion au monde de tenir des discours médisans ?

ELVIRE.

Je méprise des discours que je ne

Tome I. R

justifie point ; & quant à Don Felix, il est trop pénétré de vos bontés pour songer à vous déplaire.

LE COMTE.

J'observe pourtant soigneusement ses démarches ; & lorsque je l'ai surpris à la porte de votre chambre, je l'ai soupçonné d'avoir des desseins sur vous.

ELVIRE.

S'il en avoit, il prendroit mieux son tems pour les exécuter. Il n'ignore pas que les Dames ne se laissent gueres voir librement à leur toilette. Une coëffure mal arrangée, un deshabillé sans art soutient mal les intérets de la beauté ; & ce n'est pas dans cet état qu'elles s'offrent à des yeux qu'elles veulent charmer.

LE COMTE.

Faut-il vous dire ce que je pense, ma sœur ? je crains moins les vûes qu'il pourroit avoir sur vous, que l'envie qu'il a de me percer le sein.

ELVIRE.

Ah ! mon frere, rejettez cette pensée, elle blesse la générosité de Mendoce.

COMEDIE.

LE COMTE.

Cela peut être ; mais je ne puis m'empêcher de me défier de lui. J'ai été dans sa chambre. J'y ai trouvé avec des armes cette boëte à portrait qui étoit parmi ses hardes.

Il donne à Elvire la boëte à portrait.

ELVIRE *prenant la boëte.*

Ce sera celui de la Dame qu'il aime & qu'il a laissée en Castille.

LE COMTE.

Il y a dedans deux portraits qui se regardent : l'un est celui de D. Felix.

ELVIRE.

Celui de Don Felix ?

LE COMTE.

Et l'autre apparemment est celui de cette Dame.

ELVIRE *rendant la boëte sans l'ouvrir.*

Tenez, Seigneur.

LE COMTE.

Quoi ! vous êtes fille, & n'êtes pas curieuse ?

ELVIRE *souriant.*

Je suis fille, sans en avoir les foiblesses.

R ij

Le Comte *sur le même ton.*

Mais, ma sœur, ne craignez-vous point que je vous soupçonne d'une feinte modération ?

Elvire.

Pour prévenir ce soupçon injuste, donnez-moi ces portraits.

Le Comte.

A cela, je vous reconnois.

Elvire *ouvre la boete & considere les portraits.*

Quel prodige de beauté ! Quels yeux ! Quelle douceur ! Don Felix est ici peint bien amoureux. Il semble dévorer sa Dame de ses regards. Que sa coëffure a de graces ! Il le faut avouer, les Dames de Castille l'emportent sur nous pour se bien coëffer.

Le Comte.

Rendez-moi ces portraits.

Elvire.

Confiez-les moi de grace, pour quelques heures. L'air de cette coëffure me plait infiniment. Je voudrois l'essayer sur moi. Pourrez-vous bien avoir cette complaisance sans former de nouveaux soupçons ?

COMEDIE. 197
LE COMTE *soupirant.*

Hélas! d'autres soupçons m'inquietent bien davantage.

ELVIRE.

Expliquez-vous, mon frere.

LE COMTE.

Je vous en inſtruirai une autre fois.

Il ſort.

___

SCENE XII.

ELVIRE *ſeule.*

O Amour, que tu fais bientôt ſuccéder tes peines à tes douceurs! Tu reſſembles à la mer dont les tempêtes ſont ſoudaines & fréquentes. Tu ne peux, Cruel, laiſſer longtems un cœur ſans mouvemens jaloux.

Elle ouvre la boëte & regarde les portraits.

Ces caracteres marquent juſqu'à quel point l'Impoſteur eſt épris de la Dame.... (*Elle lit.*) .... *Je ſuis tout à Blanche, & rien ne peut égaler Blanche.....* Ah! le traitre! devoit-il me tromper de la sorte ? Si son cœur est encore prévenu pour sa Castillane, que souhaite-t-il d'Elvire ? C'en est fait, Perfide, je veux t'oublier pour jamais, je veux te mépriser. Adore Blanche ; sois tout à elle ; je n'ai plus pour toi que de l'indifférence.

SCENE XIII.

ELVIRE, HIPOLYTE.

HIPOLYTE.

Vous me paroissez bien agitée, Madame ; quelle en peut être la cause ? vous seroit-il arrivé des traverses dans vos amours ?

ELVIRE.

Parlons plûtôt des vôtres & ne me le cachez point, Hypolite, vous êtes bien piquée contre moi.

HIPOLYTE.

A votre avis, est-ce sans raison ?

ELVIRE.

Il faut que je vous désabuse. Quoique je vous aye dit tantôt, aprenez que je ne pense point à Don Felix. Ce seroit mal répondre aux empressemens du Roi. Aimez le Castillan, je n'y mets plus d'obstacle. Je vous avertis seulement qu'il vous faudra disputer son cœur avec cette Dame. (*elle lui montre les deux portraits.*) Le portrait de Don Felix nous apprend ce qu'il faut penser de ce Cavalier. *Je suis tout à Blanche*, dit-il, *& rien ne peut égaler Blanche*. Reglez-vous là-dessus.

(*Elle s'en va.*)

HIPOLYTE *voulant la retenir.*

Elvire, attendez, un mot.

ELVIRE.

Je ne puis.

SCENE XIV.

HIPOLYTE *seul.*

Dois-je m'affliger de ce que je viens d'apprendre ? Dois-je en avoir de la joye ? Je croyois n'avoir qu'une Rivale & j'en ai deux, toutes deux aimées. D'un autre côté Elvire me cede Mendoce ; mais elle est jalouse. Le dépit & la jalousie rompent mal les chaines de l'Amour. Je l'éprouve malgré moi. N'importe ; profitons de sa colere ; une Amante est bien imprudente de laisser le champ libre à sa Rivale. Employons le tems de leur mésintelligence si utilement pour ma tendresse, que si, suivant le naturel des femmes, Elvire cherche à regagner le cœur de Mendoce, elle m'en trouve en possession. La nuit est avancée. Retirons-nous.

SCENE XV.
LE ROI, D. FELIX, RAMIRE.
D. FELIX.

Voici l'heure, Seigneur, & nous sommes près du lieu où l'on a promis de vous entretenir.

LE ROI.

Approchez-vous du balcon, & voyez si Elvire y est. Vous me retrouverez à deux pas d'ici..

(*Le Roi s'éloigne un peu.*)

D. FELIX.

Toi, Ramire, observe exactement toutes choses.

RAMIRE.
Je suis tout yeux & tout oreilles.

SCENE XVI.
D. FELIX, ELVIRE.

D. FELIX *s'approchant du balcon.*

ST, ſt, ſt.

ELVIRE *à ſon balcon.*

Eſt-ce vous, Don Felix ?

D. FELIX.

Oui, Madame, c'eſt moi. L'entretien que mon Rival eſt près d'avoir avec vous, me trouble l'eſprit. Mille mouvemens jaloux me déchirent. Je crains....

ELVIRE.

Façons de parler, Mendoce. Ecoutez-moi. Je veux vous conſulter ſur une choſe qui me touche de fort près. Si vous étiez à ma place, c'eſt-à-dire ſœur du Connétable d'Aragon, ſervie par un Cavalier Caſtillan banni de ſon pays & chérie d'un jeune Roi, à qui donneriez-vous la préférence ?

D. FELIX.

Au Roi, Madame, sans contredit.

ELVIRE.

Je veux suivre votre conseil. Faites approcher ce Prince. Mon cœur le préfere au Castillan.

D. FELIX.

Que dites-vous ?

ELVIRE.

Que vous alliez dire au Roi que je l'attends.... *Elle ferme sa fenetre.*

D. FELIX.

Achevez, cruelle, achevez de me désespérer.... Mais elle ne veut pas m'entendre. Je ne comprends rien à ce qu'elle vient de me dire. Elle m'a tenu tantôt un autre langage.... Appellons le Roi & demain un éclaircissement avec elle décidera de mon sort.

(*Il va du côté où le Roi l'attend.*)

SCENE XVII.

RAMIRE seul.

Les baillemens commencent à me prendre, & peu s'en faut que je ne me livre au sommeil qui me serre de près. Allons, Ramire, mon Cupidon, mon enfant, ne succombe point à la tentation. Songe que tu es chargé d'un soin de la derniere importance. Il n'appartient pas à tout le monde de s'abandonner au repos. Dorme le riche qui n'a ni dettes, ni ennemis : dorme celui qui vient de gagner un procès de conséquence ; mais veille celui qui a une jeune & belle femme, & surtout celui qui a l'honneur d'être chargé de la garde d'un Roi.

SCENE XVIII.
LE ROI, D. FELIX, RAMIRE.

D. FELIX.

Oui, Seigneur, vous pouvez-vous approcher, on vous le permet.

(Le Roi s'avance vers le balcon d'Elvire, & D. Felix vient vers Ramire.)

D. Felix & Ramire se cherchent à tâtons & se rencontrent.

D. FELIX *tenant Ramire.*

Est-ce toi, Ramire ?

RAMIRE.

C'est moi-même.

D. FELIX.

Ah ! mon enfant, il y a bien des nouvelles.

RAMIRE.

Quelles nouvelles ?

D. FELIX.

Mes feux sont méprisés d'Elvire ; elle m'a dit qu'elle me préféroit le Roi.

RAMIRE.

Elle a tort. Voyez un peu l'impertinente.

D. FELIX.

J'en suis au désespoir. J'en mourrai de douleur.

RAMIRE.

N'allons pas si vîte, mon cher Maitre. Je suis fort trompé, s'il n'entre ici de la jalousie. Je ne parle pas sans fondement. J'ai trouvé tantôt toutes nos hardes bouleversées dans la garderobe. On a même donné très-indiscretement quelques baisers amoureux à une bouteille que j'avois dans la ruelle de mon lit.

D. FELIX.

Tais-toi. J'entends du bruit.

SCENE XIX.

LE COMTE, D. FELIX, RAMIRE, ALONSE.

On voit au fond du Théâtre le Roi qui s'entretient avec Elvire & Don Felix d'un autre côté est avec Ramire.

LE COMTE *à son valet.*

Alonse, à l'heure qu'il est, se peut-il qu'il ne soit pas encore retiré. Je ne veux pas me coucher qu'il ne soit rentré ! Vraiment le Roi me charge ici d'un agréable soin. Il m'est encore plus pénible de l'attendre que de le garder.

D. FELIX *à Ramire.*

Il y a ici quelqu'un.

LE COMTE *à Alonse.*

Je viens d'entendre parler....

Il fait quelques pas à tâtons & touche D. Felix.

Qui va là ?

D. FELIX.

Qui que vous soyez, vous ne pouvez passer plus avant. Retournez sur vos pas.

COMEDIE.

LE COMTE.

Je ne le puis ni ne le veux.

D. FELIX *mettant l'épée à la main.*

La force vous le fera faire.

LE COMTE *tirant aussi l'épée.*

Ce bras & cette épée méprisent tout obstacle.

Alonse & Ramire mettent aussi l'épée à la main; chacun du côté de son Maître; ils commencent à férailler tous quatre. Au bruit qu'ils font un valet du Connétable vient avec un épée & un flambeau.

D. FELIX *reconnoissant le Connétable.*

Ciel ! C'est le Comte !

LE COMTE *reconnoissant D. Felix.*

Ah ! perfide, tu m'attends pour m'assassiner !

D. FELIX.

Ouvrez les yeux, Seigneur, & reconnoissez Don Felix.

LE ROI *accourant & se montrant au Comte.*

Comte, remettez-vous.

LE COMTE *troublé.*

C'est vous, Seigneur !

Le Roi.

Oüi. J'ai retenu Mendoce pour nous entretenir au frais ; & comme nous nous sommes trouvés près de votre appartement, j'ai voulu voir par curiosité, si vous n'étiez point encore retiré.

Le Comte *troublé*.

Seigneur me voici prêt à recevoir vos ordres.

Le Roi.

C'est assez, il se fait tard, reconduisez-moi, D. Felix. Adieu Comte.

Le Roi sort & D. Felix le suit.

Le Comte *bas*.

Tout ceci me confond. Je n'y conçois rien.

Fin du troisiéme Acte.

ACTE

ACTE QUATRIE'ME.

La Scene est dans le Salon de communication.

SCENE I.

D. FELIX, RAMIRE.

RAMIRE.

Quand le Maître du logis a le cerveau troublé, toute la maison s'en ressent.

D. FELIX.

Qu'est-il donc arrivé de nouveau ?

RAMIRE.

On est encore entré dans notre appartement. Toutes nos hardes sont sans dessus dessous dans la Garderobe. Je ne sçais pas pourquoi ; car Dieu merci, nous ne sommes pas des mieux nipés.

D. FELIX.

Tu as raison.

RAMIRE *montrant un papier.*

Mais ce qui me paroît mystérieux ;

c'est ce papier que j'ai trouvé auprès du portrait que vous sçavez.

D. FELIX.

Donnez-le moi. Lisons ce qu'il contient.

(Il lit.)

Blanche est le nom de cette Dame ; son amant a voulu le marquer lui-même, afin qu'on ne pût l'ignorer. L'amant qui la devore des yeux ne doit point être aimé d'Elvire, puisqu'il dit, comme en soûpirant, je suis tout à Blanche.

RAMIRE.

Oh! oh! le portrait intrigue Dona Elvire, à ce que je vois; elle veut à son tour vous rendre jaloux.

D. FELIX.

Tu te trompes, Ramire; la volage affecte une jalousie qu'elle ne sent point. Hier, elle me donna quelque esperance; mais l'orgueilleuse s'est rendue à l'amour du Roi.

RAMIRE.

Expliquons les choses un peu plus à notre avantage.

D. FELIX.

Non, non, elle me dédaigne, elle

COMEDIE. 211

m'insulte. Je suis né pour être trahi par toutes les femmes : pour être le joüet de leur inconstance. Elle aime mon rival. Laissons ces heureux amans joüir en paix de leur félicité. Je ne pourrois en être témoin sans ressentir mille tourmens plus affreux que la mort. Eloignons-nous promptement de Saragoce ; & puisque l'affront fait à Don Sanche ne me permet pas de retourner en Castille, allons dans un autre climat. La fortune peut-être ne m'y sera pas si contraire. Ramire, il faut partir pour Naples.

RAMIRE.

Partons, je suis tout prêt.

D. FELIX.

Je vais prendre congé du Roi. Pendant ce tems-là prépare tout pour notre départ... *Il veut sortir.*

RAMIRE *le suivant.*

Maudite Blanche ! maudite Elvire ! maudit amour !

S ij

SCENE II.
D. FELIX, HIPOLYTE.

HIPOLYTE *(arrêtant D. Felix.)*

Arrêtez, Seigneur Don Felix, j'ai deux mots à vous dire. Je sçai que ma cousine Elvire a eu du penchant pour vous; mais l'ambitieuse ne pense plus qu'à plaire au Roi. Pour moi, je suis moins inconstante qu'elle, & si mon cœur & ma main peuvent vous consoler de son changement, je vous les offre.

D. FELIX.

Je ne mérite point, Madame, l'honneur que vous me voulez faire. Le méprisable rebut de Blanche & d'Elvire est indigne de vous. Je quitte aujourd'hui cette cour; le soin de mon repos m'en bannit; mais ma plus grande peine, belle Hipolyte, est de ne pouvoir profiter de vos bontés.

(Il sort)

SCENE III.

HIPOLYTE *seule*.

Qu'as-tu fait, malheureuse Hipolyte ? Devois-tu te déclarer avant que d'être instruite des sentimens de l'ingrat ? Meurs de honte d'avoir hazardé une démarche si peu digne de ta naissance & même de ton sexe. Rappelle ta fierté ; fais succeder le mépris à la tendresse...

SCENE IV.

HIPOLYTE, ELVIRE, BEATRIX.

ELVIRE.

Hipolyte le sçaura peut-être.

BEATRIX.

La voilà. Demandez-le lui.

ELVIRE *bas à Beatrix*.

Après lui avoir cedé Mendoce, je ne veux pas lui en parler moi-même.

BEATRIX.

Que de façons ! Ho bien, je vais lui

adresser la parole... *à Hipolyte*... Madame, on dit que le Castillan va s'éloigner de nous.

HIPOLYTE.

Rien n'est plus véritable; à moins qu'Elvire ne s'oppose à son départ.

ELVIRE.

Qu'il parte ou qu'il demeure, j'y prends peu d'interêt.

HIPOLYTE.

Et moi de même, je vous assure.

BEATRIX *ironiquement*.

Mort de ma vie, voilà deux Dames bien indifferentes.

HIPOLYTE.

Cependant, ma cousine, vous devez être affligée de cette nouvelle.

ELVIRE.

C'est vous plûtôt qu'elle doit mortifier.

HIPOLYTE.

Il est fâcheux d'être privé d'un bien dont on a joüi.

ELVIRE.

Il est encore plus fâcheux de perdre ce que l'on aime.

COMEDIE.

HIPOLYTE.

J'ai aimé Don Felix, je ne m'en défends pas ; mais, grace à son indifference pour moi, je suis peu sensible à son éloignement.

(*elle sort.*)

SCENE V.

ELVIRE, BEATRIX.

ELVIRE.

AH ! Beatrix !

BEATRIX.

Hé bien, Madame, vous avez envie de me parler confidemment, n'est-il pas vrai ?

ELVIRE.

C'est trop se faire violence, je ne puis plus cacher ma douleur.

BEATRIX.

Le Castillan vous tient toujours au coeur, n'est-ce pas ?

ELVIRE.

Ma jalousie m'a trompée. J'ai cru ma flamme éteinte.

Beatrix.

Vous avez compté sans votre hôte. Les eaux de l'Ebre ne sont pas celles du Fleuve de l'oubli.

Elvire.

Qu'ai-je fait insensée ? Ce cruel départ me fait sentir plus vivement mes blessures. J'aime Don Felix, il part, & je meurs ! Ma chere Béatrix, quel reméde que mourir !

Beatrix.

Il est cent fois pire que le mal. Mais, Madame, je ne comprends rien à votre conduite : c'est vous qui l'obligez de partir. Pourquoi le désesperer par des rigueurs désavouées du cœur ?

Elvire.

Que veux-tu ? J'étois folle. Ah Béatrix, qui pourroit le retenir ?

Beatrix.

Vous même, s'il entendoit ce que j'entends.

Elvire.

Quoique ma gloire en murmure, j'y veux faire mes efforts.

Beatrix.

COMEDIE.

BEATRIX.

Et du Roi, qu'en prétendez-vous faire?

ELVIRE.

Le détromper par mes froideurs.

BEATRIX.

Cela peut avoir de mauvaises suites.

ELVIRE.

Je les braverai courageusement. Le pouvoir suprême ne peut rien sur les cœurs.

BEATRIX.

Puisque vous êtes si résoluë, éclaircissez-vous donc avec Don Felix; écoutez ce qu'il vous dira pour se justifier. Ses raisons seront bien mauvaises, si vous ne vous y rendez pas. Taisons-nous, le Roi vient & Don Felix est avec lui.

ELVIRE.

Ne pouvons-nous les éviter?

BEATRIX.

Non, les voici.

SCENE VI.
ELVIRE, BEATRIX, LE ROI, D. FELIX.

LE ROI.

ELvire, je viens folliciter vos charmes en faveur de ma Cour : Don Felix, qui en fait l'ornement, veut nous quitter. Je m'efforce envain de le retenir ; j'ai recours à vos yeux ; j'efpere qu'ils feront plus puiffans que mon éloquence.

ELVIRE.

Mes yeux, Seigneur, ne forcent pas les volontés. Ils ne retiendront pas Mendoce, fi vos bontés ne peuvent l'arrêter. (*Elle s'en va.*)

SCENE VII.
LE ROI, D. FELIX.

Le Roi.

JE suis étonné, Don Felix, d'un départ si précipité.

D. Felix.

Je vais, si vous me le permettez, vous en détailler les motifs.

Le Roi.

Je vous écoute.

D. Felix.

Seigneur, fuyant mes ennemis, accompagné d'un seul Valet, j'arrivai sur la frontiere de vos Etats. Nos chevaux hors d'haleine d'avoir été poussés sans relâche, vinrent à manquer sous nous. Il fallut les laisser ; & nous écartant du grand chemin pour gagner un Village, où nous espérions trouver du secours, nous rencontrâmes sur le bord d'un ruisseau la charmante Elvire & sa cousine. Tout prévenu que j'étois alors contre les femmes, je ne vis point impunément la sœur du Connétable. Sa vûë produisit son effet, & m'embrasa de mille feux. Instruite de mes malheurs, elle m'offrit des chevaux & une retraite que j'acceptai. Je passai deux jours chez elle & je connus tout son mérite. Il fallut, enfin, se séparer! Ce ne fut pas sans une extrême violence de ma part; & de son côté, elle me fit entrevoir quelque regret. Je partis donc sans que je pusse sçavoir son nom, parce qu'elle avoit défendu aux personnes de sa suite de me le dire. Elle daigna écrire en ma faveur à Votre Majesté, qui voulut bien à sa priere m'accorder sa protection. Mais quel fut hier mon étonnement, lorsque je retrouvai dans le lieu même que vous me donnez pour asile, cette Beauté qui m'enflâme, & que je désespérois de revoir jamais. J'en eus une joye extrême; & cependant, Seigneur, cette joye est la cause de mon départ.

LE ROI.

Eh! pourquoi donc cela?

D. FELIX.

Seigneur, vous allez l'apprendre. Profitant de l'occasion, je découvre mon amour. Elvire semble s'applaudir

COMEDIE.

de son ouvrage & me promettre un heureux sort. Mais je vois bientôt évanouir mon espérance. Vous me confiez le secret de vos feux, & vous exigez mon entremise pour les servir. Je vous ai obéi, Seigneur, on vous a accordé un entretien. Depuis ce moment nulles peines ne peuvent égaler les maux que je souffre. Aimant ce que vous aimez, quelle folie ne seroit-ce point à moi de nourrir quelque espoir? D'ailleurs, si j'avois l'audace de continuer d'être votre rival, ce seroit payer vos bontés d'ingratitude, & trahir le Comte. N'auroit-il pas raison de se plaindre, si violant les droits de l'hospitalité, je m'occupois dans sa maison à séduire sa sœur ou pour vous ou pour moi? Déja la crainte & les soupçons lui troublent l'esprit. Il observe toutes mes démarches, & mon absence seule peut dissiper son inquiétude. Permettez-moi donc, Seigneur, de sortir de l'Aragon & d'aller chercher à Naples dans les occasions de vous servir de quoi tromper la passion qui trouble mon repos.

LE ROI.

Je vous sçais bon gré, Mendoce,

de ces généreux mouvemens. Ils ajoûtent à l'eſtime que j'avois déja pour vous. Je dois récompenſer les égards que vous conſervez à la Majeſté Royale, & vous faire connoître combien de pareils ſentimens ſont agréables aux Rois. Je vous promets ma faveur & des titres en Italie ; mais ne partez pas ſans me revoir. Le Comte vient. Je veux lui parler. Laiſſez-nous, & ſoyez perſuadé, Don Felix, que vous ne partirez pas mécontent.

D. FELIX *ſortant.*

J'attendrai vos ordres, Seigneur.

SCENE VIII.

LE ROI, LE COMTE.

LE ROI.

Comte, on m'a fait de vous des raports qui m'ont étonné : on dit que des idées chimériques vous troublent l'eſprit. Rentrez en vous-même. Ayez plus de confiance en la nobleſſe de vôtre ſang & en la vertu d'un Prince, qui quoique jeune & bouillant, rend juſtice au moindre de ses Sujets. Tout suit dans ma Cour l'exemple que j'y donne ; rien n'y blesse les mœurs. Voyez avec quelle retenuë Don Henrique sert Anne de Moncade, le Comte de Ribagore, Catherine de Peralte; & D. Pedre d'Aragon, la belle Hélene de Villasan. Je ne vous parlerai point de tant d'autres dont les galanteries délicates sont respectées de la médisance. Ne pensez donc pas que mon amour fasse tort à Elvire. Mes soins pour elle augmentent son prix ; & sa vertu en reçoit plus d'éclat. Cependant puisque mes empressemens vous causent tant d'allarmes, je veux cesser d'être son Amant ; & pour vous mettre l'esprit en repos, préparez-vous, Comte, à l'Ambassade de Portugal. Vous irez à Lisbone presser mon mariage avec son Infante.

LE COMTE.

Seigneur, j'accepte avec transport l'emploi dont vous m'honorez. J'irai chez le Portuguais superbe soûtenir la gloire de l'Aragon ; & si le Ciel seconde mes soins & mes desirs, j'espere amener à Saragoce l'illustre Princesse dont vous avez fait choix. Mais, Seigneur, avant mon départ, trouvez bon que j'établisse ma sœur. Les Cunigas & les Laras de Castille la recherchent depuis quelques jours. Souffrez qu'elle épouse celui qui vous sera le plus agréable.

Le Roi.

Comte, j'ai pris pour vous ce soin. Votre sœur est mariée.

Le Comte *étonné.*

Mariée !

Le Roi.

Oüi. J'ai fait choix du Marquis de Miralve.

Le Comte.

Je ne le connois pas, Seigneur, & je n'ai jamais entendu parler...

Le Roi.

Miralve est un Domaine considérable en Italie.

Le Comte.

Eh ! Comment puis-je conclure ce mariage, si je pars pour le Portugal.

COMEDIE.

LE ROI.

Mariez Elvire dès ce jour, & vous partirez après.

LE COMTE.

Mais le Marquis étant abſent...

LE ROI.

Il eſt à Saragoce, & vous le verrez chez vous dans une heure. Je l'y conduirai moi-même. Préparez-vous à le bien recevoir. (*Il ſort.*)

LE COMTE.

Je ne puis revenir de ma ſurpriſe. Le Marquis de Miralve! Je ne ſçais ce que je dois penſer de cet hymen.

Fin du quatriéme Acte.

ACTE CINQUIEME.

La Scene est dans le Salon de communication.

SCENE PREMIERE.
D. FELIX, RAMIRE.

D. FELIX.
AS-tu tout préparé ? Pouvons-nous partir ?

RAMIRE.
Bon ! Nous avons si peu de hardes que tout étoit prêt avant même que vous l'eussiez ordonné.

D. FELIX.
Je quitte le séjour de Saragoce, Ramire ; mais je ne crois pas que je puisse vivre éloigné d'Elvire.

RAMIRE.
Oh ! Il faut bien que vous vous accoûtumiez à vous passer d'elle. Ne jettons pas le manche après la coignée.

Vivons toûjours à bon compte.

D. FELIX.

Fasse le Ciel que la Mer devienne orageuse.

RAMIRE.

Le Ciel nous en préserve.

D. FELIX.

Que les vents déchaînés soulevent les flots pour nous perdre !

RAMIRE.

Que les vents plûtôt nous soient toûjours favorables !

D. FELIX.

Que la Galere soit ensevelie dans les plus profonds abîmes !

RAMIRE.

Que la Galere arrive à bon port !

D. FELIX.

Les tempêtes, le naufrage, tout me sera doux, pourvû que je puisse finir mon déplorable destin.

SCENE II.

D. FELIX, RAMIRE, ELVIRE, BEATRIX.

Beatrix s'approche de Don Felix, & Ramire va se mettre auprès d'Elvire.

BEATRIX *à D. Felix.*

Que dites-vous, Seigneur D. Felix? Pourquoi toutes ces imprécations?

RAMIRE *à Elvire.*

Madame ayez pitié de mon Maître; Empêchez-le de partir, ou c'est un homme mort.

ELVIRE.

Je le ferois, Ramire, si j'en avois le pouvoir; mais le moyen d'y réussir, si Blanche le rappelle en Castille.

RAMIRE.

Eh! De par tous les diables, ce n'est point en Castille que nous allons, C'est à Naples, Madame, où il n'y a point de Blanches.

COMEDIE.

D. Felix *à Ramire.*

Laisse, Ramire, laisse ; tout ce que tu pourras dire sera inutile ; Madame a pris son parti. Elle me voudroit déjà loin d'elle.

Beatrix *à D. Felix.*

Pourquoi vous aviser aussi de garder de vilains portraits ?

Elvire.

Que fais-tu, Béatrix ? Tu as tort de lui faire ce reproche. Puisqu'il est éloigné de Blanche, n'est-il pas juste qu'il en conserve cherement l'image ?

Ramire *bas à son Maître.*

Allons, Seigneur Don Felix, repoussez la balle.

D. Felix *à Elvire.*

Quoi, Madame, ce portrait seroit la cause du changement que vous m'avez fait paroître ?

Beatrix *à sa Maîtresse.*

Allons, Madame, répondez juste.

Elvire.

Oüi, Mendoce, ce portrait a pû me rendre jalouse.

D. FELIX.

Qu'entends-je ? Je ferois affez heureux... Mais, non, vous ajoûtez, cruelle Elvire, la raillerie aux dedains.

BEATRIX *bas*.

Les parties, fi je ne me trompe, feront bientôt d'accord.

ELVIRE.

Non, Don Felix, c'eft la verité pure. Pour avoir changé de langage avec vous, je n'ai pas changé de fentiment.

RAMIRE.

Bon ! voilà notre départ reculé.

D. FELIX.

Comment, belle Elvire, ce que vous me dites hier au rendez-vous, étoit un effet de votre jaloufie ?

BEATRIX.

Juftement.

ELVIRE.

Ce portrait que vous avez, vous ne le garderiez point par un refte d'amour pour Blanche ?

RAMIRE.

Fy donc ! Nous nous en foucions comme du Grand-Turc.

COMEDIE.

D. FELIX.

Il s'est trouvé par hazard dans mes habits. Ah! charmante Elvire, quel tort peut vous faire un portrait dont vous avez banni l'original de mon cœur?

ELVIRE.

Vous m'aimez donc toûjours?

D. FELIX.

Je vous adore.

ELVIRE.

Si cela est, ne craignez point votre rival. Que n'est-il encore plus puissant? vous verriez combien vous m'êtes cher.

D. FELIX.

Grands Dieux! Puis-je entendre ces paroles, sans mourir de douleur.

ELVIRE.

Expliquez-vous, D. Felix; ne vous est-il pas doux d'être aimé?

D. FELIX.

Vous m'aimez, & je pars; est-il une peine plus rigoureuse?

ELVIRE.

Qui vous oblige de partir?

D. FELIX.

Puis-je m'en dispenser ? Le Roi sçait mon amour. Je lui en ai fait l'aveu. J'ai pris congé de lui. Le mal est sans remede. Il faut se faire violence. Il faut se séparer de soi-même. Adieu, Madame, je pars... *Il fait quelques pas pour s'en aller.*

ELVIRE *pleurant.*

O Ciel !

BEATRIX *l'arrêtant & lui montrant Elvire.*

Seigneur, pouvez-vous bien vous résoudre à quitter ma Maîtresse. Pouvez-vous résister à ses pleurs ?

RAMIRE *à son Maître.*

Voyez couler ses perles liquides. Je ne suis qu'un Valet, mais le cœur me créve.

D. FELIX.

Quels combats je sens ! Comment rompre un départ que j'ai demandé moi-même ?

ELVIRE.

Non, Mendoce, je n'y pourrai survivre.

D. FELIX.

D. FELIX.

Hé bien, Madame je me rends. Il faut tout hazarder pour me conserver à vous. Mon amour m'est plus cher que ma vie. Me promettez-vous d'être à moi ?

ELVIRE.

Je vous promets du moins de n'être jamais à un autre.

D. FELIX *se mettant à genoux & baisant la main d'Elvire.*

Sur cette assûrance je me livre en aveugle à la colere du Roi.

SCENE III.

ELVIRE, D. FELIX, RAMIRE, BEATRIX, HYPOLITE.

HYPOLITE *surprenant D. Felix aux genoux d'Elvire.*

LE transport est doux. Continuez, Elvire. Je prends part à vos plaisirs.

ELVIRE.

Vous êtes généreuse.

HYPOLITE.

Mais vous m'avez tantôt cedé Mendoce.

ELVIRE.

J'étois libérale comme une Amante jalouse.

HYPOLITE.

Et que dira Blanche de ce raccommodement ? car Don Felix est tout à Blanche.

RAMIRE.

Oh ! Blanche en ce moment fait peut-être pis.

SCENE IV.

ELVIRE, D. FELIX, BEATRIX, RAMIRE, LE COMTE.

LE COMTE.

JE vous cherchois, Mendoce. Vous n'irez point en Italie.

D. FELIX.

Comment, Seigneur?

LE COMTE.

Votre accord est fait avec Don Sanche. Le Roi de Castille, pour accommoder les choses, veut que vous épousiez la sœur de Don Sanche & que D. Sanche épouse la vôtre.

ELVIRE *bas.*

Quel revers!

D. FELIX *bas.*

Quel malheur!

HYPOLITE *bas, & sortant.*

Les voilà séparés pour toujours; je trouve ma consolation dans leur peine.

LE COMTE.

Le Roi vous attend. Il veut vous communiquer lui-même les lettres qui contiennent ces agréables nouvelles.

D. FELIX *bas. S'en allant.*

Vit-on jamais une destinée plus affreuse que la mienne!

RAMIRE *suivant son Maître & soupirant.*

Ahimé

SCENE V.

LE COMTE, ELVIRE, BEATRIX.

Le Comte.

Grace au Ciel ! je suis déchargé d'un grand soin... Mais ma sœur, je ne vous dis point une autre nouvelle, qui vous touche de plus près.

Beatrix *bas*.

De plus près ! j'en doute fort.

Le Comte.

Le Roi m'envoye à Lisbone pour traiter son mariage avec l'Infante ; mais il m'a déclaré qu'avant mon départ il prétendoit vous donner pour époux le Marquis de Miralve.

Elvire.

Le Marquis de Miralve !

Le Comte.

C'est un Seigneur Italien très-riche & qui est à Saragoce, à ce que le Roi m'a dit.

COMEDIE.

BEATRIX.

Et quand ce mariage se doit-il faire?

LE COMTE.

Dès ce soir.

ELVIRE *bas.*

J'en mourrai.

LE COMPE.

Pour vous dire ce que je pense, Elvire, je m'imagine que l'Ambassade de Portugal est une chimere, & que ce Marquis de Miralve pourroit bien être le Roi lui-même; car il m'a dit encore qu'il l'ameneroit ici dans une heure. Je me suis informé de cet Etranger, & je n'ai trouvé personne qui le connût. Quoiqu'il en soit, ma sœur, il est constant que vous devez être mariée ce soir. Le Roi le veut. C'est à vous d'obéir...

(*Il s'en va.*)

SCENE. VI.
ELVIRE, BEATRIX.

ELVIRE.

EST-il une constance à l'épreuve d'un coup si funeste ? O destin tyrannique ! N'étoit-ce pas assez de perdre Mendoce ? Falloit-il encore me voir obligée de quitter l'Aragon pour suivre un époux inconnu ?

BEATRIX.

Ne nous désesperons point encore. Prenons patience. C'est peut-être le Roi, qui pour vous surprendre agréablement, veut être le Marquis de Miralve.

ELVIRE.

Hélas ! Je ne serois pas moins malheureuse.

SCENE VII.

ELVIRE, BEATRIX, ALONSE.

ALONSE *en entrant sur le Théâtre.*

Vous pouvez vous en reposer sur moi.

ELVIRE.

A qui parles-tu ?

ALONSE.

C'est au Comte votre frere, Madame. Je viens arranger tout ici par son ordre.

ELVIRE.

Tends plûtôt de deuil cet appartement, Alonse, c'est ici que le Roi vient me mettre au tombeau.

(*Elvire sort.*)

SCENE VIII.
BEATRIX, ALONSE.

BEATRIX.

Je t'aiderai, si tu veux.

ALONSE.

J'ai bien affaire de ton aide. Tu n'es propre qu'à tout gâter.

BEATRIX.

Voyez le brutal ! Je veux lui faire plaisir, & il me dit des choses désobligeantes.

ALONSE.

Ramire vient. Il va te dire des douceurs pour te consoler de mes brutalités.

BEATRIX.

Il ne sera pas du moins aussi grossier que toi.

ALONSE.

S'il étoit accoûtumé comme je le suis à tes pas, tu ne le trouverois pas plus galant que moi... *Il passe dans une autre chambre.*

SCENE IX.

SCENE IX.
BEATRIX, RAMIRE.

RAMIRE.

LE Roi sera ici dans un moment. J'ai pris les devants, Mademoiselle Béatrix, pour chercher l'occasion de vous dire adieu.

BEATRIX.

C'en est donc fait, vous allez partir pour retourner en Castille.

RAMIRE.

Oüi. J'ai le cœur si serré de ce maudit départ...

BEATRIX.

Et votre Maître en est sans doute fort affligé.

RAMIRE.

Jugez de sa tristesse par la mienne. Qui voit l'un, voit l'autre.

BEATRIX.

Cette sœur de D. Sanche qu'il doit épouser, est-elle jolie ?

RAMIRE.

Fort jolie. C'est une Camuse, qui a les yeux chassieux, & bordés d'un beau rouge pourpré.

BEATRIX.

En récompense elle est peut-être bien faite?

RAMIRE.

Faite à peindre. Elle a trois pieds de hauteur, six de diametre; & ce qui donne du relief à sa taille, elle est boiteuse & bossuë.

BEATRIX.

Vous me peignez une Dame fort ragoutante.

RAMIRE.

D'accord: Mais je vous peins la future de mon Maître.

BEATRIX.

Je le plains, si vous êtes bon Peintre.

RAMIRE.

Oh! Ce mariage n'est point fait encore. J'employerai tous mes talens à le rompre.

COMEDIE.

BEATRIX.

J'entends du bruit.

RAMIRE.

C'est apparemment le Roi.

BEATRIX.

C'est lui-même.

SCENE X.

RAMIRE, BEATRIX, LE ROI, *Suite du Roi*, **LE COMTE, D. FELIX.**

LE COMTE.

Quelles paroles, Seigneur, peuvent exprimer la reconnoissance que j'ai d'un tel honneur?

LE ROI.

Comte, vos services méritent de plus grandes faveurs... Mais où est Elvire? Sa présence est ici nécessaire.

LE COMTE.

Je l'ai fait avertir, elle ne peut tarder.

D. FELIX *bas à Ramire.*

Je n'attends pour mourir que l'arrivée de cet époux qui m'enléve Elvire.

SCENE XI.

Tous les Acteurs de la Scene précédente.
ELVIRE.

ELVIRE.

SEigneur, je viens me jetter à vos pieds.

LE ROI *la relevant.*

Venez, belle Elvire, venez recevoir de la main de votre Roi l'époux qu'il vous a destiné... Mais d'où naît cette profonde mélancolie que vous faites paroître ? Levez sur nous ces yeux puissans qui sçavent charmer les Rois. Les Princes, qui portent sur leur front la fortune de leurs Sujets, ne se regardent point d'un air sombre.

ELVIRE.

Le trouble où sont en ce moment mes esprits, n'est pas causé par la tristesse. Je n'ai point assez de fermeté pour voir tranquillement l'intérêt que vous prenez à mon sort.

LE COMTE.

Nous attendons, Seigneur, le Marquis de Miralve.

COMEDIE.

LE ROI.

Il n'est pas besoin de l'attendre ; il est avec nous.

D. FELIX *bas à Ramire.*

Le Roi lui-même épouse Elvire. Il n'en faut pas douter.

LE COMTE.

Daignez donc nous le faire connoître.

LE ROI *tendant la main à D. Felix.*

Approchez-vous, Marquis de Miralve. Recevez le cœur avec la main d'Elvire ; & vous, Madame, rendez-vous à la joye ; on ne peut plus vous ravir votre Amant.

ELVIRE *donnant sa main à D. Felix.*

J'obéis à Votre Majesté.

BEATRIX.

Ma Maîtresse est une fille bien obéissante.

RAMIRE.

De la joye ! Mon Maître épouse la personne qu'il aime, & attrape un Marquisat par dessus le marché... *bas* ... pourvû que le Roi ne se réserve pas le droit du Seigneur, cela ira bien.

D. FELIX *se jetttant aux pieds du Roi.*
Vous retirez du tombeau, Grand Roi,
un Amant désespéré... J'allois...

LE ROI *le relevant.*

C'est assez, Mendoce, ne perdons
pas le tems en discours frivoles. Allons
presser le moment de votre bonheur.
Pour votre accord avec Don Sanche,
je m'en charge.

RAMIRE *à Béatrix.*

Et vous, Mademoiselle Béatrix ;
quand voulez-vous épouser le premier
Chambellan du Marquis de Miralve ?

BEATRIX.

Quand il voudra me donner une de
ses oreilles.

RAMIRE.

Oh ! je suis votre valet. Les choses
sont à présent sur un autre pied. Ce n'est
point en galant que je parle, c'est en
mari. Donnez-moi un baiser pour gage
de notre futur hyménée.

BEATRIX.

La plaisante assurance ! Il y a bien des
gens qui en ont obtenu davantage, sans
pour cela qu'ils soient sous le joug.

RAMIRE.

Ceux-là ne sont pas les plus trompés.

Fin du cinquième & dernier Acte.

LE
Point d'honneur
COMEDIE.
En trois Actes.

Le Point d'Honneur est une piece de la composition de *D. Francisco de Roxas*. Elle a pour titre en *Espagnol* : No ay Amigo para Amigo : Il n'y a point d'Ami pour un Ami. Je l'accommodai au *Théatre François*, & la fis représenter à Paris au mois de Février 1702. Elle étoit en cinq Actes, mais je l'ai réduite à trois pour la rendre plus vive.

ACTEURS.

LE CAPITAINE D. LOPE DE CASTRO, Oncle d'Estelle.
D. ALONSE DE GUZMAN, Amant d'Estelle.
D. LUIS PACHECO, sous le nom de D. Carlos, Amant de Léonor.
ESTELLE D'ALVARADE, Niéce du Capitaine.
LEONOR DE GUZMAN, Sœur de D. Alonse, promise au Capitaine.
BEATRIX, Suivante de Léonor.
JACINTE, Suivante d'Estelle.
CRISPIN, Valet du Capitaine.
CLARIN, Valet de D. Luis.
UN GENTILHOMME Sicilien.
UN ESPION du Capitaine.

La Scene est à Madrid.

LE
POINT D'HONNEUR,
COMEDIE.

ACTE PREMIER.

Le Théatre représente le Pardo, principale promenade de Madrid. On voit dans l'enfoncement un mur de jardin percé d'une petite porte.

SCENE PREMIERE.
LEONOR, BEATRIX.

Elles sortent toutes deux du jardin par la petite porte.

LEONOR.

UI, Beatrix, puisque je suis soumise à l'autorité de mon frere, je ferai ce qu'il souhaite ; il veut que j'épouse le Capitaine D. Lope de Castro, je l'épouserai.

BEATRIX.

Ce Capitaine-là est un homme bien expéditif. Il vous vit avant hier pour la premiere fois, & il vous a déja demandée en mariage.

LEONOR *soupirant.*

Ahi!

BEATRIX.

Je sçai bien mauvais gré au Seigneur D. Alonse de Guzman votre frere, de vous sacrifier à l'amour qu'il a pour Estelle d'Alvarade. Quoi? parce qu'il aime cette Dame, il faut qu'il vous livre à une espece de fol dont elle est niéce?

LEONOR.

Il est vrai que le Capitaine Don Lope est si délicat sur le point d'honneur, qu'il outre quelquefois la matiere. Cela lui donne un ridicule dans le monde, j'en conviens: mais il a de la naissance, de la valeur, de la probité; & je crois que je ne serai pas malheureuse avec lui.

BEATRIX.

A la bonne heure. Vous allez donc abandonner Don Carlos, ce jeune

galant qui vient depuis huit jours régu-
liérement au Pardo, qui assiége la
petite porte de notre Jardin, & dont
vous recevez les soins sans pouvoir
vous en défendre.

LEONOR.

C'en est fait, je n'y veux plus penser. Mon devoir triomphera bientôt
de l'inclination que je me sens pour
lui.

BEATRIX.

Vous prenez bien vîte votre parti.

LEONOR.

Est-ce que tu m'en fais un reproche?

BEATRIX.

Au contraire, je vous en loue. Après
tout, ce Don Carlos vous cache sa
naissance, & cela me le rend suspect.
Peut-être n'a-t-il pas tort de vous en
faire un mystere.

LEONOR.

Quoiqu'il en soit, je ne veux plus
lui parler.

BEATRIX.

Vous ferez bien.

LEONOR.

Tu n'as qu'à l'attendre ici.

BEATRIX.

Volontiers.

LEONOR.

Tu lui diras que je suis promise à un autre; qu'il cesse de rechercher une fille qui ne sçauroit être à lui.

BEATRIX.

Laissez-moi faire. Je vais le congédier impitoyablement.

Leonor rentre dans le Jardin.

SCENE II.

BEATRIX *seule.*

JE ne ferai pas mal de l'éconduire. Que sçait-on ? Le drôle a peut-être des vûes... & j'en pourrois payer les pots cassés... Mais quel homme s'avance ? Il me semble que c'est Crispin. Justement c'est lui.

SCENE III.
BEATRIX, CRISPIN,
avec une longue épée.

CRISPIN.

EH! Bon jour, charmante Beatrix!

BEATRIX.

Je vous croyois mort, Monsieur Crispin. Depuis près de deux années que vous avez quitté le service de notre maison, on n'a pas eu le bonheur de vous voir.

CRISPIN.

C'est ce que tu dois me pardonner, mon enfant; car je sers à present un Maître qui a besoin de tous mes momens.

BEATRIX.

Hé, à qui es-tu donc?

CRISPIN.

J'ai l'honneur d'être depuis dix-huit mois au vaillantissime Capitaine Don Lope de Castro. La glorieuse condition!

BEATRIX.

Au Capitaine Don Lope !

CRISPIN.

Oui, à celui qu'on appelle par excellence dans Madrid l'arbitre des differends, & le Juge en dernier ressort de toutes les querelles.

BEATRIX.

J'en suis ravie, mon cher Crispin. Te voilà rentré dans la famille.

CRISPIN.

Comment cela ?

BEATRIX.

Tu ne sçais donc pas que ton Maître va devenir l'époux de Léonor de Guzman ma maîtresse ?

CRISPIN.

Ma foi, non; cela seroit-il possible ?

BEATRIX.

Il en fit hier au soir la demande à Don Alonse.

CRISPIN.

Voilà ce que je ne me serois jamais imaginé. Comment diable l'amour a-t-il pu se fourer dans le cœur de cet homme-là ?

COMEDIE, 255

BEATRIX.

C'est que l'amour se fourre par tout, mon ami.

CRISPIN.

Je ne m'étonne plus vraiment si mon Maître m'envoye dire à Don Alonse qu'il va venir le voir tout-à-l'heure, & s'ils se font tant d'amitié tous deux depuis trois jours.

BEATRIX.

Au reste, je crois le Capitaine un parti fort honorable pour Léonor.

CRISPIN.

Très-honorable. Comment. C'est un oracle en fait de procédés. On vient le consulter de tous les pays du monde.

BEATRIX.

Je l'ai oui dire.

CRISPIN.

Il a composé un livre où l'on trouve des regles de point d'honneur, mais des regles toutes nouvelles. On y voit toutes les especes d'offenses & de réparations possibles & impossibles.

BEATRIX *riant*.

Cet ouvrage sera d'une grande utilité. Mais, dis-moi un peu, est-il vrai que ton Maître court toute la Ville pour s'informer des différends qui sont survenus, afin de les terminer suivant ses regles ?

CRISPIN.

Assurément. Il a même des espions pour en être mieux instruit ; & ces espions, pour son argent, lui rendent compte, tant des injures qui se font que de celles qui se doivent faire.

BEATRIX.

Quel original ! Et t'accommodes-tu bien de ses manieres ?

CRISPIN.

A merveilles. Je le prens même pour modele.

BEATRIX.

Oh, oh !

CRISPIN.

Et nous vivons ensemble comme deux freres bien unis.

BEATRIX.

Je t'en félicite.

CRISPIN.

Je veux te dire un trait qui t'en convaincra

vaincra. Tu sçauras que la guerre est sa passion dominante, & qu'il n'a pas de plus grand plaisir que de parler de ses campagnes. Dès que vous touchez devant lui cette corde-là, il vous enfile un détail d'expéditions militaires à épuiser la patience humaine. Mais comme il connoît son défaut, il m'a chargé de le tirer discretement par le bout de sa manche, quand je m'appercevrois qu'il va s'égarer. Je n'y manque pas & il se dépêche aussi-tôt de finir, comme un Organiste qui entend sa sonnette. Drelin, drelin.

BEATRIX.

Cela est admirable.... mais n'est-ce pas lui que je vois là-bas avec un autre Cavalier ?

CRISPIN.

C'est lui-même.

BEATRIX.

Jusqu'au revoir, Crispin.

CRISPIN.

Sans adieu, ma reine.

Beatrix rentre par la petite porte du Jardin.

Tome I.   Y

SCENE IV.

CRISPIN, LE CAPITAINE.

On voit au fond du Théatre le Capitaine qui se sépare d'un Cavalier, & qui s'avance en rêvant vers Crispin.

CRISPIN.

Il est dans une profonde rêverie.

LE CAPITAINE.

Je veux entrer dans tous les différends, & connoître de tous les démêlés publics & particuliers qui naîtront dans la Ville.

CRISPIN.

Et moi de toutes les querelles des fauxbourgs.

LE CAPITAINE.

Quoique les Espagnols se piquent d'être délicats sur les affaires d'honneur, je ne trouve pas qu'ils y fassent encore assez d'attention.

CRISPIN.

Non, ils ne sçavent pas comme nous s'offenser d'une chose qui n'offense point.

COMEDIE. 259

LE CAPITAINE.

Il y a des injures réelles qui leur paroissent des minuties.

CRISPIN.

Oui, des bagatelles.

LE CAPITAINE.

Et cependant, Crispin, dans ces matieres-là, on doit examiner tout sérieusement.

CRISPIN.

Etre toujours sur le qui-vive.

LE CAPITAINE.

Enfin, il faut regarder ces sortes d'objets avec un microscope.

CRISPIN.

Avec un microscope ! c'est bien dit. Oh ! que votre livre va corriger d'abus !

LE CAPITAINE.

Il ne tiendra pas à moi du moins que les maximes du point d'honneur ne soient rigoureusement observées.

CRISPIN.

Vous avez déja mis les choses sur un bon pied. Sans vous, on ne verroit pas tant de querelles qu'on en voit.

LE CAPITAINE.

Hé bien t'es-tu acquitté de ta commission ? As-tu été chez Don Alonſe ?

CRISPIN.

Pas encore, mais tenez : le voilà qui ſort de chez lui par la petite porte de ſon Jardin.

LE CAPITAINE.

Cela eſt heureux.

SCENE V.

LE CAPITAINE, CRISPIN, D. ALONSE.

D. ALONSE.

Vous me prévenez, Seigneur Don Lope: J'allois chez vous pour vous faire une priere.

LE CAPITAINE.

Une priere ! Ah ! commandez, Don Alonſe. Près d'être votre beau-frere, que puis-je vous refuſer ? Ce que je ne ferai pas pour vous, je ne le ferois pas même pour un certain Don Carlos, qui m'a ſauvé la vie en Flandres

dans la derniere bataille qui s'y est donnée.
D. ALONSE.
Quoi? Vous etiez à cette bataille ! Je vous croyois alors en Italie.
LE CAPITAINE.
Si j'y étois! je me trouvai dans les premiers corps qui chargerent l'ennemi. Nos troupes y firent toutes les merveilles qu'on devoit attendre de la valeur Espagnole.
CRISPIN *à part.*
Il va se lâcher.
LE CAPITAINE.
L'armée des ennemis étoit campée sur deux lignes, & couverte d'un petit ruisseau.
CRISPIN *à part.*
Nous y voila. Préparons-nous à faire notre office.
LE CAPITAINE
Nous le passames fierement malgré le feu continuel que.....
CRISPIN *le tirant par la manche.*
Drelin, drelin.

LE CAPITAINE.

Enfin, c'est dans cette occasion que mon ami Don Carlos me sauva la vie en prevenant un Hollandois qui avoit le bras levé sur moi. Revenons à votre affaire. De quoi s'agit-il?

D. ALONSE.

Estelle votre niéce me désespere. La cruelle m'ôte tous les moyens de lui parler; mais il en est un qui dépend de vous.

LE CAPITAINE.

Quel est-il?

D. ALONSE.

Comme elle est à présent logée dans votre maison, souffrez que je m'introduise ce soir dans son appartement.

LE CAPITAINE *indigné.*

O Ciel! Don Alonse, pouvez-vous me faire une pareille proposition?

CRISPIN *à part.*

Il ne s'adresse pas mal.

LE CAPITAINE.

Vous voulez que je favorise un tel dessein! Vous exigez de mon amitié une si lâche complaisance?

COMEDIE.

CRISPIN *à D. Alonſe.*

Pour qui nous prenez-vous ?

D. ALONSE *au Capitaine.*

Ah je ne médite rien qui doive vous révolter. Je ne veux ſeulement que lui peindre l'affreux état où ſa cruauté me réduit.

CRISPIN *branlant la tête.*

Votre valet.

D. ALONSE.

Et vous ſerez avec moi.

LE CAPITAINE *ſe radouciſſant.*

C'eſt une autre choſe.

CRISPIN.

Bon pour cela.

LE CAPITAINE.

A cette condition, cher ami, je ne puis refuſer de vous ſervir. Venez donc ce ſoir au logis.

D. ALONSE.

Ce n'eſt pas tout, j'ai auſſi à vous parler d'une affaire qui touche votre honneur & le mien.

LE CAPITAINE *prenant feu.*

Expliquez-vous. Ne me déguiſez

rien. Qu'est-ce ?

D. ALONSE.

J'ai apris que depuis quelques jours il rodoit autour de ce jardin un Cavalier qui en veut à Léonor.

CRISPIN *à part.*

Ahi, ahi, ahi !

D. ALONSE.

Et sur le rapport qu'on m'en a fait, j'ai lieu de croire qu'il cherche à la séduire.

LE CAPITAINE

Grands dieux ! Que m'apprenez-vous ?

CRISPIN.

Ventrebleu ! Ce n'est point là une de ces minuties qu'il faut regarder avec un microscope.

LE CAPITAINE.

Vengeance, Don Alonse, vengeance ! Vous êtes frere, & je suis amant : vous sçavez à quoi ces deux qualités nous engagent. Ne laissons pas davantage vieillir le mal ; il deviendroit peut-être incurable.

CRISPIN.

Je ne sçai pas même si l'on ne s'avise

vise pas trop tard d'y remedier.

D. ALONSE.

Voici l'heure où le Cavalier a coutume de venir au Pardo. Nous pouvons lui demander raison.....

LE CAPITAINE.

Lui demander raison, oui, c'est le droit. Comment se nomme-t-il?

D. ALONSE.

Je ne sçai.

LE CAPITAINE.

Où demeure-t-il?

D. ALONSE.

Je l'ignore.

LE CAPITAINE.

Cela étant, Don Alonse, nous ne pouvons nous venger tout-à-l'heure.

D. ALONSE.

Pourquoi? Ne suffit-il pas qu'il ait à mon insçu des desseins sur ma sœur?

LE CAPITAINE.

Non, cela ne suffit pas.

CRISPIN.

Oh, que non! Voilà de mes jeunes gens qui ne demandent qu'à férailler.

LE CAPITAINE

Il faut auparavant que vous sçachiez s'il est Gentilhomme ou non : s'il est marié, ou s'il ne l'est pas.

CRISPIN.

S'il a pere & mere, ou s'il est Orphelin.

D. ALONSE.

Dans un moment nous apprendrons tout cela de sa propre bouche.

LE CAPITAINE.

Autre erreur, Il pourroit nous cacher la vérité.

D. ALONSE.

Vous êtes trop régulier, Don Lope; & mon ressentiment ne me permet pas d'attendre.

LE CAPITAINE.

Contraignez-vous Don Alonse. Je ne souffrirai point que vous blessiez les loix de la bienséance.

CRISPIN.

Périssent mille honneurs de filles, plutôt que de voir choquer nos regles.

LE CAPITAINE.

Croyez-moi, faisons observer & sui-

COMEDIE.

vre notre homme ; & quand nous sçaurons qui il est, nous irons le trouver chez lui. S'il a eu des intentions criminelles, nous punirons son audace ; & s'il n'a eu que des vûes légitimes, nous lui ferons sçavoir que Léonor m'est promise, & je le sommerai de se désister de ses prétentions.

D. ALONSE.

à part.... Il faut bien que je me prête à sa délicatesse.... (*haut*) J'y consens. Il s'agit donc de charger de cet emploi quelqu'homme adroit.

LE CAPITAINE.

Crispin nous en rendra bon compte.

CRISPIN (*bas.*)

La mauvaise commission !

D. ALONSE.

Laissons-le donc ici en sentinelle, & venez vous reposer chez moi.

D. Alonse se retire, le Capitaine veut le suivre, mais Crispin l'arrête.

SCENE VI.
LE CAPITAINE, CRISPIN.

CRISPIN.

Attendez, Seigneur, un mot: il me vient un petit scrupule.

LE CAPITAINE.

Sur quoi ?

CRISPIN.

Sur la commission que vous me donnez. J'y trouve quelque chose qui ne s'accorde pas, ce me semble, avec le galant homme.

LE CAPITAINE.

Quoi ?

CRISPIN.

En épiant ce Cavalier, si par malheur j'en apprenois plus que nous n'en voulons sçavoir, j'exposerois Léonor à la fureur de son frere, & je romprois en même tems votre mariage avec elle. A votre avis, n'y a-t-il pas là-dedans... un je ne sçai quoi, qui.... qui n'est pas bien.

LE CAPITAINE.

Au contraire, Crispin, rien n'est plus louable : car supposé que Léonor, à l'insçu de son frere, fut disposée à écouter le Galant, ce qui ne peut être, tu rendrois un grand service à Don Alonse, à moi, & à Léonor même en nous avertissant.

CRISPIN.

Je puis donc sans répugnance me mêler de cette affaire-là.

LE CAPITAINE.

Hé, oui.

CRISPIN.

Bon. Je respire. Je deviens à votre école diablement chatouilleux sur le point d'honneur.

LE CAPITAINE.

Cela me fait plaisir. Si tu continues je ferai quelque chose de toi.

(D. *Lope entre dans le jardin.*)

SCENE VII.

CRISPIN seul.

ÇA, faisons semblant de nous promener. Observons bien tous les Cavaliers qui viendront ici, & principalement ceux qui me paroîtront des dénicheurs de merles..... Ho, ho! J'en vois déja deux qui s'aprochent de ce jardin.

SCENE VIII.

CRISPIN, D. LUIS, CLARIN.

D. LUIS bas à Clarin.

ARrêtons, Clarin. Laissons passer cet homme-là.

CLARIN bas.

Comme il nous regarde.

D. LUIS bas.

Il m'est suspect.

CRISPIN à part.

Ils m'examinent. C'est assurément le Gaillard que j'ai ordre d'observer.

CLARIN *bas.*

Il a toute l'encolure d'un espion.

D. LUIS *bas.*

Allons à lui. Il faut sçavoir ce qu'il a dans l'ame.

CRISPIN *à part.*

Ils viennent à moi.

CLARIN *à Crispin.*

Ecoutez, l'ami. Que faites-vous-là?

CRISPIN.

Je prens le frais, je me promene, je fais provision de santé.

D. LUIS.

A d'autres. Tu m'as l'air d'être ici pour faire quelque mauvais coup.

CRISPIN.

J'y suis plutôt pour empêcher qu'on n'en fasse.

CLARIN *prenant Crispin au colet.*

Camarade, il faut parler net.

CRISPIN.

Parler net, parbleu, il me semble que je parle assez net.

CLARIN *le menaçant.*

Par la mort!....

D. Luis.

Doucement, Clarin. Ne lui fais aucune violence. Il va nous avouer franchement la chose.

Crispin.

Quelle chose ! Je n'ai rien à vous avouer.

Clarin.

Tu ne veux donc pas jaser ? Tien, Voila le prix de ta discrétion.

Il le frappe.

Crispin *criant*.

Haï ! haï ! haï !

D. Luis.

Pendart, je vois à ta phisionomie qu'on t'a mis ici pour observer si quelqu'un en veut à certaine Dame qui demeure dans ce jardin.

Crispin.

Vous voyez cela à ma phisionomie ?

D. Luis.

Clairement.

Crispin.

Et moi, je vois à la vôtre que vous ne venez au Pardo que pour parler à cette certaine Dame. Il y a bien des phifionomies parlantes, comme vous voyez.

D. LUIS.

Tu es donc un espion de D. Alonse de Guzman?

CRISPIN.

Je ne dis pas cela.

D. LUIS.

Si je sçavois que tu le fusses, je te donnerois cent coups.

CRISPIN.

Sur ce pied-là, je n'ai garde de l'être.

D. LUIS.

Qui que tu sois, prens la peine de te retirer, & ne t'amuse point à nous regarder.

CLARIN.

Si tu ne disparois à nos yeux dès ce moment, je te couperai les oreilles.

CRISPIN.

Oh! Je vous les abandonne si vous m'y ratrapez. Serviteur : (*à part s'en allant.*) Je vais me cacher dans un endroit, où ils ne me verront pas, & je les guetterai en dépit d'eux.

SCENE IX.
D. LUIS, CLARIN.

CLARIN.

ENfin, nous l'avons écarté. Nous pouvons nous entretenir librement. C'en eſt donc fait, Seigneur Don Luis, vous ne penſez plus à Eſtelle d'Alvarade ?

D. Luis.

Non, Clarin, ceſſe de m'en parler.

CLARIN.

Je ne vous comprends pas. Après un long ſéjour en Flandres, vous revenez à Madrid toujours amoureux d'Eſtelle. En arrivant, vous paſſez par cette promenade : vous voyez par hazard Léonor, qui ſortoit de ce Jardin, & ſa vûe dans un inſtant vous rend infidelle.

D. Luis.

Ah! Clarin, ſommes-nous maîtres de nos cœurs? Laiſſe-moi m'abandonner à ma nouvelle paſſion. Tout ſemble la favoriſer. Je ſuis écouté de la sœur de Don Alonse; & je viens de terminer la fâcheuse affaire, qui m'obligeoit depuis deux ans à vivre loin de Madrid sous le nom de Don Carlos.

CLARIN.

Vous pouvez donc maintenant apprendre à Léonor que vous êtes Don Luis Pacheco ?

D. LUIS.

C'est ce que je prétends lui découvrir aujourd'hui; mais en même-tems je la prierai de garder le secret sur mon retour.

CLARIN.

D'où vient cela, s'il vous plaît ?

D. LUIS.

C'est qu'Estelle est niéce du Capitaine Don Lope de Castro.

CLARIN.

Quoi? de ce grand redresseur de torts, qui se rendoit médiateur de toutes les querelles qui arrivoient dans l'armée, & à qui vous avez sauvé la vie dans la derniere bataille ?

D. LUIS.

Oüi, ce Capitaine est oncle d'Estelle.

CLARIN.

Malepeste! Vous avez raison. Quoique ce Capitaine vous doive la vie, il seroit homme à vous chicanner sur l'affront que vous faites à la beauté de sa Niéce.

D. LUIS.

Voilà justement ce que je veux éviter. Don Lope est d'un caractere si singulier, que je n'ai pas voulu lui faire la moindre confidence de mes affaires; il est bon qu'il ignore mon arrivée dans cettte ville, jusqu'à ce que je sois sûr d'obtenir Léonor.

CLARIN.

C'est bien dit. Après cela nous le verrons venir.

D. LUIS.

Tais-toi. La Suivante de Léonor paroît. Va-t-en, & reviens me joindre dans une heure.

Clarin s'en va.

COMEDIE.

SCENE X.
D. LUIS, BEATRIX.

BEATRIX à part.

A La fin le voici.

D. LUIS.

Hé bien, Béatrix, aurai-je bientôt le plaisir de revoir ta Maîtresse?

BEATRIX.

Non, Seigneur Don Carlos. Je viens même vous dire de sa part que vous ne la verrez plus.

D. LUIS.

Qu'entends-je!

BEATRIX.

Son frere veut qu'elle épouse un de ses amis. Elle ne peut désormais avoir d'entretien avec vous.

D. LUIS.

Quelle affreuse nouvelle! La fortune ne m'a donc flatté d'abord, que pour me faire sentir plus vivement sa rigueur! Ma chere Béatrix, je te conjure d'avoir pitié de moi.

BEATRIX.

Mais, vraiment, je vous plains fort.

D. LUIS.

J'implore ton secours. Engage Léonor à m'accorder un dernier entretien. Je reconnoîtrai bien ce bon office.

BEATRIX.

Je ne doute pas de votre générosité; je voudrois bien vous rendre ce service; mais il pourroit me coûter cher.

D. LUIS.

Te coûter cher!

BEATRIX.

En pouvez-vous douter? Je perdrois pour jamais la confiance de ma Maîtresse; elle croiroit que vous m'auriez gagnée par des prieres, & que je vous servirois au préjudice de son devoir.

D. LUIS.

Elle ne croira point cela.

BEATRIX.

D'ailleurs, supposons que Léonor se rende aux instances que je lui ferai

COMEDIE.

de vous parler, D. Alonse pourra découvrir tout le myſtere : ma Maîtreſſe en ſera quitte pour une réprimande, & Béatrix ſera miſe à la porte.

D. Luis.

Ne te mets point ces chimeres-là dans l'eſprit.

Beatrix.

Ne ſerai-je pas bien avancée ? Je perdrai tout d'un coup le fruit de huit longues années de ſervices.

D. Luis.

Oh! Si ce malheur t'arrivoit, je ſuis en état de t'en conſoler.

Beatrix.

Je ſuis bien perſuadée de votre bon coeur.

D. Luis.

Je prendrois ſoin de ta fortune.

Beatrix.

Ne m'en dîtes pas d'avantage. Vos promeſſes m'ébranlent. Adieu, je me retire.

D. Luis *l'arrêtant*.

Ah! ma chere Béatrix, ne m'abandonne point.

BEATRIX.

Je veux être sourde à vos prieres.

D. Luis *lui préſentant ſa bague.*

Tien. En attendant mieux, fais-moi le plaiſir de recevoir ce diamant.

BRATRIX.

Vous m'allez faire chaſſer.

D. Luis.

Prens-le, je t'en conjure. Attendris ta Maîtreſſe en ma faveur.

BEATEIX *prenant le diamant.*

Que vous êtes ſéduiſant, Seigneur Don Carlos !

D. Luis,

Prévien mon déſeſpoir.

BEATRIX.

Je n'y puis plus réſiſter, votre douleur me perce l'ame. Allons, je veux vous ſervir, quelque choſe qu'il en puiſſe arriver. Vous parlerez encore une fois à Léonor.

D. Luis,

Tu me rends la vie par cette promeſſe.

BEATRIX,

BEATRIX.

Mais je m'apperçois qu'en rêvant aux moyens de vous satisfaire, j'ai pris votre bague sans y penser. Comme la rêverie préoccupe!

(*Elle fait semblant de vouloir la lui rendre.*)

D. LUIS.

Non, je t'en prie, Béatrix, garde-la pour l'amour de moi.

BEATRIX.

Allez-vous en de peur de surprise, & revenez ici à l'entrée de la nuit.

D. Luis s'en va.

SCÈNE XI.

BEATRIX *seule & considerant le diamant.*

JE n'en doute plus, cet homme-là doit avoir de la naissance. Il a des manieres engageantes. Je veux épouser ses intérêts.

(*Elle met sa bague à son doigt.*)

SCENE XII.
BEATRIX, LEONOR.

BEATRIX.

Il vient, enfin, de faire retraite.

LEONOR.

Tu l'as donc renvoyé?

BEATRIX.

Oüi, Madame, & notre conversation, je vous assure, a été bien vive.

LEONOR.

A-t-il paru fort sensible à la nécessité de me perdre?

BEATRIX.

Cela n'est pas concevable. Il a pris la fortune à partie; il s'est plaint de son étoile dans des termes.... Si vous l'eussiez entendu comme moi, il vous auroit fait pitié.

LEONOR.

Hélas! A quoi lui eut servi ma pitié?

COMEDIE.

BEATRIX.

A quoi, Madame ? Oh, la pitié d'une fille n'eſt jamais infructueuſe. La mienne, par exemple, lui a remis l'eſprit.

LEONOR.

Comment donc cela ?

BEATRIX.

Il s'eſt plaint, comme je vous l'ai dit, il a ſoupiré, il a gémi. J'ai été ſi touchée de ſa douleur, que je lui ai donné rendez-vous ici ce ſoir. Voyez ce que fait la compaſſion.

LEONOR.

En verité, Béatrix, vous êtes une extravagante de lui avoir donné rendez-vous....

BEATRIX.

Il l'a bien fallu. Il vouloit ſe tuer dans le déſeſpoir où il étoit.

LEONOR.

Quoi ! Je vous charge de congédier un homme avec qui je veux rompre tout commerce, & vous oſez le flatter encore de quelque eſpérance !

BEATRIX.

Hé non, Madame, il n'espere plus rien, & il ne veut plus vous voir que pour vous dire un éternel adieu.

LEONOR.

Vous ne deviez point l'entendre. En un mot, il falloit exécuter mes ordres à la rigueur.

BEATRIX.

Je conviens que j'ai tort ; mais que voulez-vous ? Ce pauvre garçon m'a fendu le cœur.

LEONOR.

Vous êtes bien compatissante. Oh, pour cela, Béatrix, vous avez fait une grande sottise de ne m'en avoir pas débarrassée.

BEATRIX.

Ho bien, puisque cela vous fait tant de peine, j'aurai bientôt dégagé ma parole. Don Carlos n'est pas encore si loin qu'on ne puisse le joindre. Je vais courir après lui, & l'envoyer au diable.

(Elle fait quelques pas, comme pour aller après D. Luis.)

COMEDIE. 285

LEONOR *l'appellant.*

Béatrix !

BEATRIX.

Que me voulez-vous ?

LEONOR.

Tu es trop vive quelquefois. Ne va pas dans ton emportement lui parler d'une maniere malhonnête.

BEATRIX.

Vous serez contente.

LEONOR.

Dans le fond, je n'ai pas sujet de me plaindre de lui ; & c'est assez de lui dire simplement, qu'il ne me convient plus de l'écouter.

BEATRIX.

Cela suffit.

(*Elle fait encore semblant de vouloir courir après D. Luis.*)

LEONOR *la rappellant.*

Atten, Béatrix, atten.

BEATRIX.

Encore ?

LEONOR.

Recommande-lui bien de ne pas méme paroître aux environs de ce Jardin, Fais-lui sentir la conséquence...

BEATRIX.

Oüi, mais pendant que vous donnez de si amples instructions, le Cavalier s'éloigne, & je ne pourrai pas le rattraper.

LEONOR.

Il n'y a qu'à le laisser. Aussi bien je songe qu'il est plus à propos qu'il vienne au rendez-vous.

BEATRIX.

Je pense aussi que cela vaudra beaucoup mieux. Je ne suis pas entêtée, moi, de mes opinions.

LEONOR.

Courir après un homme, seroit une démarche qui pourroit être mal expliquée.

BEATRIX.

Vous avez raison. Il sera moins dangereux que je lui parle tantôt; & je compte bien de réparer ma faute.

LEONOR.

Tant mieux. Entre nous, je me défie de ta fermeté.

COMEDIE.

BEATRIX.

Franchement, je n'en ai pas plus qu'il ne m'en faut.

LEONOR.

Tu te laisseras encore attendrir.

BEATRIX.

Ecoutez, je n'en voudrois pas jurer.

LEONOR.

Je crois que je serai obligée de lui parler moi-même.

BEATRIX.

Je sçavois bien qu'il faudroit en venir là. Au reste, que risquez-vous en parlant à Don Carlos? Vous ne l'aimez plus.

LEONOR *soupirant.*

Ah! Béatrix!

BEATRIX.

Ah, je vous entends. Vous êtes lasse de trahir votre conscience, n'est-il pas vrai?

LEONOR.

Que tu es cruelle de me plaisanter!

BEATRIX.

Que vous êtes méchante de m'avoir grondée!

(*Léonor & Béatrix rentrent dans le Jardin.*)

Fin du premier Acte.

ACTE SECOND.

Le Théâtre repréſente encore le Pardo, comme au premier Acte.

SCENE I.

D. ALONSE, LE CAPITAINE.

D. ALONSE.

Vous vous en allez.

LE CAPITAINE.

Je ſuis obligé de vous quitter pour un moment. Je viens de me ſouvenir que deux Cavaliers doivent ſe battre demain. Je vais régler le tems, le lieu, & les conditions du combat. Je viendrai vous retrouver après cela.

D. ALONSE.

Vous êtes le maître. Sans adieu.

Le Capitaine s'en va.

SCENE II.

SCENE II.

D. ALONSE *seul*.

J'Ai beau parcourir des yeux cette promenade, je n'y vois pas Crispin... Mais je crois l'appercevoir... Je ne me trompe pas c'est Crispin qui s'avance. Nous allons sçavoir s'il a bien fait sa commission. Hé ien, mon ami...

CRISPIN *tout essouflé.*

Ouf! laissez-moi prendre haleine.

D. ALONSE.

As-tu vû le Cavalier qu'on t'a ordonné d'épier?

CRISPIN.

Comme j'ai l'honneur de vous voir, & son Valet aussi.

D. ALONSE.

Que cette nouvelle me cause de joye! Dans quelle ruë est-il logé? Comment le nomme-t-on?

CRISPIN *hésitant.*

C'est ce que je ne puis vous apprendre.

D. ALONSE.

C'est-à-dire, traître, que tu n'as pas voulu le suivre.

CRISPIN.

Pardonnez-moi, c'est lui qui n'a pas voulu que je le suivisse. Il s'est approché de moi avec son Valet, pour me dire que si je ne me retirois, ils me donneroient cent coups, & ils m'en ont donné quelques-uns à compte, pour faire voir qu'ils aiment à tenir leur parole.

D. ALONSE.

Le Butor! Il s'y sera pris mal adroitement.

CRISPIN.

Non, Monsieur, je vous le proteste.

D. ALONSE.

Tais-toi, Maraud. Tu mériterois que dans ma juste colere...

CRISPIN.

Ne me frappez pas; je ne suis plus votre Valet. Vous ne pouvez vous défaire de vos vieilles habitudes.

D. ALONSE.

Je rentre. Je ne pourrois m'empêcher de t'assommer.

SCENE III.

CRISPIN *seul.*

JE suis un heureux Commiſſionnaire. J'ai penſé être étrillé des deux côtés.

(*Il veut s'en retourner, & Béatrix l'appelle.*)

SCENE IV.

CRISPIN, BEATRIX.

BEATRIX.

ST, ſt, Criſpin !

CRISPIN.

Que vous plaît-il, ma Princeſſe ?

BEATRIX.

Te faire une petite queſtion. Es-tu franc ? Es-tu ſincere ?

CRISPIN.

Comme un Italien.

BEATRIX.

Don Alonse te parloit tout à l'heure avec action. Ma Maîtresse & moi n'étions-nous pas intéressées dans votre entretien ?

CRISPIN.

Je n'ai rien de caché pour ma chere Béatrix. D'ailleurs, Don Alonse a des manieres qui ne m'engagent point à être discret. Oüi, ma Mignone, il a appris de vos nouvelles. Prenez vos mesures là-dessus.

BEATRIX.

Quoi ? Il auroit découvert...

CRISPIN.

Il sçait tout, vous dis-je... Mais qui est ce Garçon qui vient à nous ?

COMÉDIE.

SCENE V.
CRISPIN, BEATRIX, CLARIN.

CLARIN *à part.*

Mon Maître n'est plus ici. Que peut-il être devenu ?

BEATRIX *à part.*

C'est le Valet de Don Carlos apparemment.

CRISPIN *à part.*

C'est un de mes drôles de tantôt.

CLARIN *à part.*

C'est notre espion. Il est là, ma foi, avec une fille fort jolie.

(*Il salue Crispin & Béatrix.*)

CRISPIN *à part.*

Il me salue humblement. Est-ce qu'il me craindroit ?

CLARIN *à part.*

Approchons-nous d'eux.

CRISPIN.

Il n'a peut-être fait le brave, que parce qu'il étoit soutenu de son Maître. Approfondissons un peu cela.

CLARIN *haut, abordant Crispin.*

Monsieur...

CRISPIN *fièrement.*

Monsieur! (*à part.*) Je le crois poltron; il faut que je l'insulte.

CLARIN.

J'envie votre bonheur; car selon toutes les apparences, cette charmante personne est de vos amies.

CRISPIN *d'un ton brusque.*

Qu'en voulez-vous dire?

CLARIN.

Rien. Je vous en fais mon compliment. Elle s'est renduë sans doute au mérite brillant qu'on voit briller en vous.

CRISPIN.

Ce ne sont pas vos affaires.

CLARIN.

J'en demeure d'accord. Mais...

CRISPIN.

Mais, mais, vous n'êtes qu'un sot.

COMEDIE.

CLARIN.

Vous recevez bien mal les politeſſes qu'on vous fait.

CRISPIN.

Je veux les recevoir mal, moi. Ton Maître n'eſt pas ici pour te défendre, ſanfaron, il faut que je te repaſſe en taille-douce.

BEATRIX *le retenant*.

Que veux-tu faire, Criſpin?

CRISPIN.

Je veux lui couper le viſage.

BEATRIX.

Arrête-toi donc.

CLARIN.

Ne le retenez pas, la Belle; il n'eſt pas ſi méchant que vous le penſez.

CRISPIN *s'agitant*.

Tetebleu! Ventrebleu!

BEATRIX.

Quel emportement!

CLARIN.

Lâchez la bride à ſa fureur.

CRISPIN.

Je ne serai pas content que je ne l'aye enterré.

BEATRIX. *le lâchant,*

Ho bien, suis donc ton impétuosité, puisqu'on ne peut t'arrêter.

CRISPIN.

Ho-ho! Ce n'est point à moi qu'on passe la plume par le bec.

CLARIN.

On ne vous retient plus.

CRISPIN.

Il ne faut pas trop m'échauffer la bile, tudieu!

CLARIN.

Sçais-tu bien que tes menaces ne m'épouvantent point, Maraud?

CRISPIN.

Moi, Maraud! Un éleve du Capitaine Don Lope de Castro?

CLARIN.

Coquin.

CRISPIN.

Coquin, un Nourisson du Point d'honneur!

COMEDIE. 297
CLARIN.

Belitre.

CRISPIN.

Belitre! Vous vous perdez au moins.

CLARIN.

Misérable.

CRISPIN.

Vous vous coupez la gorge.

CLARIN.

Gueux.

CRISPIN.

Vous êtes mort.

CLARIN.

Oh! c'en est trop. Tien, fat. La patience m'échape.

(*Il lui donne un souflet.*)

CRISPIN *portant la main à sa jouë.*

Vous appellez cela de la patience qui s'échappe?

CLARIN.

Tu l'appelleras comme il te plaira. Mais une autrefois réponds plus poliment aux personnes qui te feront l'honneur de te parler... *Il s'en va.*

SCENE VI.
BEATRIX, CRISPIN.

BEATRIX *riant*.

Voilà un Maroufle bien brutal ! Traiter de la sorte un bon enfant comme toi !

CRISPIN.

Mais, Béatrix, je suis en peine de sçavoir une chose. Quand il m'a frappé, avoit-il la main ouverte ou fermée ?

BEATRIX.

Hé, pourquoi voudrois-tu sçavoir cela ?

CRISPIN.

Pourquoi, morbleu ! Si c'est un soufflet, c'est un affront fait à mon honneur.

BEATRIX.

Et si c'est un coup de poing, ce n'est donc rien ?

CRISPIN.

Non. Un coup de poing, un coup

de pied au cul, se donnent sans conséquence; mais un soufflet!

BEATRIX.

Diantre un soufflet! On n'y sçauroit donner une bonne explication, n'est-ce pas?

CRISPIN.

Dis-moi donc, Beatrix, si c'est un soufflet que j'ai reçu.

BEATRIX.

Tu dois mieux le sçavoir que moi.

CRISPIN.

J'étois distrait dans le moment.

BEATRIX.

Moi, j'étois fort attentive, & je puis t'assurer que c'est un soufflet avec toutes ses circonstances.

CRISPIN.

Cela étant, je suis bien-aise de m'être possedé dans l'action; la vengeance en sera plus éclatante.

BEATRIX.

Je n'en doute nullement.

CRISPIN.

Peu s'en est fallu que je n'aye cedé au premier mouvement, & violé nos regles; car je suis trop chaud & trop boüillant.

BEATRIX.

Il y a paru.

CRISPIN.

S'il eût réiteré, il y auroit eu du sang répandu.

BEATRIX.

Oüi, car il t'auroit caffé le nez.

CRISPIN.

Je vais de ce pas chercher mon maître, & le confulter. Cette affaire-là aura de grandes fuites.

BEATRIX.

Tu m'as l'air de la mener loin.

CRISPIN.

Je ne voudrois pas être dans la peau de mon ennemi.

(*Il s'en va*)

SCENE VII.

BEATRIX *feule, riant*.

LE vaillant Champion! Il a bien profité des leçons de fon maître.

SCENE VIII.

BEATRIX, LEONOR.

LEONOR.

Que faifois-tu donc là avec Crifpin ?

BEATRIX.

Il vient de m'apprendre une agréable nouvelle.

LEONOR.

Quoi ?

BEATRIX.

Il m'a dit que le Seigneur D. Alonfe eſt informé de notre intrigue avec Don Carlos.

LEONOR.

Eſt-il poſſible ? Sur ce pied-là je ne m'expoſerai point à parler ce ſoir à ce Cavalier.

BEATRIX.

Hé, d'où vient ?

LEONOR.

Mon frere pourroit nous ſurprendre.

BEATRIX.

Il ne vous furprendra pas dans une maifon d'amie.

LEONOR.

Tu as raifon. Mas à qui nous adreffer?

BEATRIX *rêvant*.

Attendez... je l'ai trouvé. Adreffons-nous à Eftelle d'Alvarade. C'eft la perfonne qu'il nous faut.

LEONOR.

A Eftelle! Tu n'y penfes pas, Beatrix. Eftelle eft Niéce du Capitaine Don Lope, à qui je fuis deftinée ; elle loge même chez lui depuis quelques jours.

BEATRIX.

Qu'importe? Deux bonnes amies n'y regardent pas de fi près quand il s'agit de fe prêter la main. De plus, elle ne fera pas fâchée que fon oncle meure dans le célibat.

LEONOR.

Va donc chez elle pour la prier de ma part de trouver bon que je reçoive ce foir dans fon appartement Don Carlos.

BEATRIX.

J'y vais tout à l'heure... mais quel bonheur! La voici elle-même.

SCENE IX.

LEONOR, BEATRIX, ESTELLE, JACINTE.

ESTELLE.

JE vous ai reconnuë de loin, ma chere Leonor; & j'ai quitté des Dames avec qui je me promenois pour venir vous embraſſer... (*Elles s'embraſſent*) Hé bien, mes enfans, quelles nouvelles?

BEATRIX.

Vous venez fort à propos, Madame, pour nous tirer d'un embarras.

ESTELLE à *Leonor*.

Ouvrez-moi votre cœur. Depuis un an que nous nous voyons, mon amitié doit vous être connuë. Dans quel embarras êtes-vous?

LEONOR.

Je voudrois avoir un entretien avec un Cavalier nommé D. Carlos qui me rend des soins depuis quelques jours; mais on nous observe; & je ne sçais où je pourrai le voir.

ESTELLE.

Vous n'osez l'introduire chez vous.

LEONOR.

Vous ne me le conseilleriez pas.

ESTELLE.

J'aime mieux vous prêter mon appartement, que de vous donner un si mauvais conseil.

BEATRIX.

Nous vous prenons au mot.

ESTELLE.

Hélas! que ne puis-je voir aussi mon cher Don Luis Pacheco dont l'absence me met au desespoir. Il y a deux ans qu'une affaire d'honneur le tient éloigné de Madrid. Je ne reçois point de ses nouvelles, & j'attends envain son retour.

LEONOR.

Mon frere ne vous verra-t-il jamais sensible à sa passion?

ESTELLE.

J'y aurois peut-être répondu, si le
souvenir

souvenir de Don Luis ne la traverſoit point.

BEATRIX.

Sans Don Carlos, nous aimerions peut-être auſſi le Seigneur Don Lope.

ESTELLE *embraſſant Leonor.*

Adieu Leonor, je vais rejoindre ma compagnie. Jacinte aura ſoin de vous introduire ce ſoir chez moi par une porte ſecrette.

(*Leonor & Beatrix rentrent.*)

SCENE X.

ESTELLE, JACINTE.

JACINTE.

Voilà Leonor bien contente.

ESTELLE.

Je ſuis ravie de pouvoir lui faire plaiſir. C'eſt le meilleur caractere de fille que je connoiſſe.

SCENE XI.

ESTELLE, JACINTE, CLARIN.

CLARIN.

OU Diable est donc mon Maître? Je ne le vois point à cette promenade.

ESTELLE *à Jacinte en regardant Clarin.*

Les traits de cet homme-là ne me sont pas inconnus.

CLARIN *à part.*

Voici une Dame qui me lorgne. Mon air la frappe, à ce qu'il me semble.

JACINTE *bas à Estelle.*

Comme il vous considere, Madame; on diroit qu'il vous connoît.

ESTELLE.

Eh! c'est Clarin. C'est le Valet de Don Luis.

CLARIN *à part, & voulant fuir.*

Ventrebleu! C'est Estelle d'Alvarade. La maudite rencontre!

ESTELLE.

C'est toi, Clarin, approche, mon enfant; est-ce que tu ne me remets pas?

CLARIN.

Bas (Que trop. (*haut*) Pardonnez-moi.

ESTELLE.

Don Luis est donc à Madrid ? Quelle joye ! Pourquoi ne l'ais-je pas encore vû ?

CLARIN *d'un air embarrassé.*

Madame... (*à part.*) que lui dirai-je?

ESTELLE.

Parle, Clarin, réponds-moi. Satisfais ma curiosité.

CLARIN *pleurant.*

Don Luis n'est point à Madrid, Madame... hui, hui, hui, hui, hui !

ESTELLE.

Tu pleurs, mon ami. Quel malheur m'annoncent tes larmes ?

CLARIN *redoublant ses pleurs.*

Hin, hin, hin, hin, hin !

ESTELLE.

Explique-toi donc. Tu jettes dans mon cœur un effroi mortel.

CLARIN.

Il ne faut plus songer au Seigneur Don Luis.

ESTELLE.

Que dis-tu ? que lui seroit-il arrivé ?

CLARIN.

Hélas !

JACINTE.

Seroit-il mort ?

CLARIN.

Pis que cela ; il est…

ESTELLE.

Acheve.

CLARIN.

Marié.

ESTELLE.

Juste Ciel !

JACINTE.

Marié !

CLARIN.

Oüi, il s'est marié à Bruxelles. Il a épousé la veuve d'un Officier Flamand.

COMEDIE.

ESTELLE.

Le perfide !

JACINTE.

Le traître !

ESTELLE.

Il a pû trahir ses sermens !

(*Elle tombe dans une profonde reverie.*)

CLARIN.

C'est ce que je lui reprochai la veille de ses nôces : Seigneur Don Luis, lui dis-je la larme à l'œil : Songez-vous bien à ce que vous allez faire ? Voulez-vous causer la mort à Madame Estelle, à qui vous avez donné votre foi, & qui vous aime si tendrement ?

JACINTE.

Et que répondit-il à cela ?

CLARIN.

Ce qu'il répondit ? (*grossissant la voix*) Monsieur Clarin, mêlez-vous de vos affaires. Estelle vous a-t'elle payé pour entrer si chaudement dans ses interêts ?

JACINTE.

Le petit scelerat !

CLARIN.

Le lendemain de son mariage, je lui

dis d'un air fier & méprisant : Fi, Seigneur ! Cela est indigne. Je vous demande mon congé. Je ne veux plus servir un homme sans honneur, sans probité. Là-dessus je le quitte. Je sors de Bruxelles & je reviens à Madrid, le cœur gonflé de soupirs en maudissant la veuve de l'Officier Flamand.

ESTELLE.

Clarin, c'est assez.

CLARIN *à part.*

Si cela pouvoit la détacher de mon Maître ! (*haut*) Adieu, Madame.

ESTELLE *fouillant dans sa poche.*

Attends, mon enfant. Il n'est pas juste que la douleur me fasse oublier ce que je te dois pour avoir pris mon parti.

CLARIN.

Vos manieres me pénétrent. Je sens renouveller toute l'affliction que j'avois à Bruxelles.

ESTELLE.

Je suis cause que tu as quitté l'infidele Don Luis. Tien. Voilà pour te dédommager de ce que je t'ai fait perdre.

(*Elle lui donne de l'argent.*)

CLARIN *recommençant à pleurer.*

Ah! ah! ah! Je ne puis digerer la trahison de Don Luis. Je vais chercher quelque retraite pour y pleurer tant que cela durera.

SCENE XII.
ESTELLE, JACINTE.

ESTELLE.

Voilà, Jacinte, ce Don Luis dont je t'entretenois si souvent.

JACINTE.

J'étranglerois un homme comme cela.

ESTELLE.

Je me laissois consumer d'ennui, pendant que le volage... Mais c'en est fait, la douleur fait place à la colere, & je ne respire plus que vengeance.

JACINTE.

Votre ressentiment est juste ; mais remettez-vous. J'apperçois le Seigneur Don Lope votre oncle. Il vient ici. Dissimulez.

ESTELLE.

Non, non, je ne puis me contraindre. D'ailleurs, pourquoi lui ferois-je un myſtere de l'outrage que j'ai reçu ? Il doit le ſentir comme moi-même....

SCENE XIII.

ESTELLE, JACINTE, LE CAPITAINE, CRISPIN.

ESTELLE.

AH ! Seigneur, je ſuis trahie ! Un amant parjure met ſur mon front une honte éternelle.

CRISPIN *à part*.

Auroit-elle reçu un ſoufflet ?

LE CAPITAINE.

Expliquez-vous, ma niéce, quel affront vous a-t-on fait ?

ESTELLE.

Un Cavalier depuis trois ans a reçu ma foi ; & je viens d'apprendre que le traître s'eſt marié à Bruxelles.

LE CAPITAINE.

Certes, le trait eſt noir.

CRISPIN.

COMEDIE.

CRISPIN.

Fi! voilà un procedé bien François.

ESTELLE.

Sa trahison ne demeurera pas impunie. Quand parmi les hommes je ne trouverois point de vengeur, le perfide ne sçauroit m'échapper. Conduite par ma fureur, j'irai le chercher à Bruxelles, & moi-même je lui percerai le cœur!

CRISPIN.

Quelle fille! Elle chasse de race, ma foi.

LE CAPITAINE.

Calmez vos transports, Estelle. Votre injure me touche autant que vous. Dites-moi seulement le nom du Cavalier.

ESTELLE.

Il se nomme Don Luis Pacheco.

LE CAPITAINE.

Cela suffit. Je me charge de vous venger.

ESTELLE.

Vous irez en Flandres?

CRISPIN.

Il iroit au Japon, Madame, pour moins que cela.

LE CAPITAINE.

Je partirai sitôt que j'aurai fini une affaire qui demande ici ma préfence. Allez, ayez l'efprit en repos là-deffus.

(*Eftelle & Jacinte s'en vont.*)

CRISPIN *à part*.

Puifque mon Maître eft fi prompt à fe charger des vengeances d'autrui, il faut que je remette la mienne entre fes mains.

SCÈNE XIV.
LE CAPITAINE, CRISPIN.

LE CAPITAINE.

JE vais rentrer chez Don Alonfe, & lui annoncer une nouvelle fi favorable à fon amour. Toi, Crifpin, va m'attendre au logis.

CRISPIN.

J'y vais.., mais Seigneur Capitaine, un petit mot, s'il vous plaît.

LE CAPITAINE.

Que me veux-tu ?

CRISPIN.

Je veux vous inſtruire d'un différend, qui offre une belle matiere à vos déciſions.

LE CAPITAINE.

Ho-ho ! quel différend peut-il être arrivé qui ne ſoit pas encore venu à ma connoiſſance ?

CRISPIN.

Dans ce même endroit où nous voici, j'ai reçu un ſoufflet qui ma fait voir vingt chandelles.

LE CAPITAINE.

Qui ? toi, Criſpin ?

CRISPIN.

Oüi, moi, votre Eleve dans la ſcience des procedés.

LE CAPITAINE.

Voilà une action bien hardie !

CRISPIN.

Je l'ai trouvée ſi téméraire, ſi inſolente, que je n'ai preſque pas ſenti le coup.

LE CAPITAINE.

Cet affront me regarde.

CRISPIN.

Assurément, on ne sçauroit faire du mal aux pieds, que la tête ne s'en ressente.

LE CAPITAINE.

Donner un soufflet à mon Domestique, c'est m'offenser directement.

CRISPIN

Directement, oüi, directement. Ho-ho! Monsieur l'Olibrius, vous n'avez qu'à vous bien tenir! Mon affaire est en bonne main.

LE CAPITAINE,

J'en dois tirer raison.

CRISPIN.

Sans doute. C'est à cause de cela que je n'ai pas voulu me venger moi-même.

LE CAPITAINE

J'approuve ta retenuë.

CRISPIN *à part*,

Je suis hors d'intrigue.

COMÉDIE.

LE CAPITAINE.

Qui est l'offenseur? Est-il noble?

CRISPIN.

Hé, non, non. Allez, ne craignez rien. Ce n'est qu'un valet.

LE CAPITAINE.

Oh! si l'Offenseur n'est pas noble, l'honneur ne me permet pas de mettre l'épée à la main contre lui : mais ce qui m'est deffendu, à moi, t'est permis à toi, comme tu le peux voir dans mon chapitre des *Soufflets Roturiers*.

CRISPIN.

Ho bien, puisque vous ne pouvez me venger, il n'y a qu'à laisser cela là. Je m'en vengerai par le mépris. Aussi-bien c'est la vengeance des belles ames.

LE CAPITAINE *le regardant de travers.*

Que dis-tu?

CRISPIN.

Un soufflet, au bout du compte, n'est pas la mort d'un homme.

LE CAPITAINE.

Comment, faquin! Est-ce là le langage d'un homme nourri chez moi?

CRISPIN.

C'eſt le langage d'un homme ſenſé.

LE CAPITAINE.

Ecoute. Je n'ai qu'un mot à te dire. Songe à te montrer digne valet de Don Lope ; ou bien prépare-toi à mourir ſous le bâton.

CRISPIN.

L'alternative eſt conſolante.

LE CAPITAINE.

Opte tout-à-l'heure. Détermine-toi.

CRISPIN.

C'en eſt fait, je prens mon parti. Vos paroles m'inſpirent une fureur martiale. Je vais comme un Lion chercher mon ennemi.

LE CAPITAINE.

Ah ! j'aime à t'entendre parler de la ſorte.

CRISPIN.

Je cours, je vole ; .... mais, attendez : une réflexion m'arrête tout court.

LE CAPITAINE.

Hé, quelle ?

COMEDIE.

CRISPIN.

Je songe que j'ai reçu le soufflet en rendant service à Don Alonse. C'est le valet de l'amant de sa sœur qui me l'a donné.

LE CAPITAINE.

Tu ne m'avois pas dit cette circonstance.

CRISPIN.

Non, vraiment, je n'y ai pas pensé.

LE CAPITAINE.

Don Alonse a part à l'offense.

CRISPIN.

N'est-il pas vrai ? Il doit joindre cela aux autres sujets qu'il a de se plaindre du Cavalier, & venger le tout ensemble. Ainsi la chose ne me regarde plus.

LE CAPITAINE.

Elle te regarde toujours, mon ami. Don Alonse étant Gentilhomme ne peut pas tirer raison de cette offense. Tu dois te venger, tant par rapport à toi, que par rapport à lui, & meme aussi par rapport à moi.

CRISPIN.

Il y a bien des rapports dans cette affaire-là.

Le Capitaine.

Va, mon enfant, va rétablir ton honneur.

Crispin.

C'est-à-dire, Crispin, va te faire tuer.

Le Capitaine.

Ne remets point le pied dans ma maison, que tu n'ayes réparé l'outrage que tu as reçû. Il ne me convient pas d'avoir un domestique deshonoré.

Le Capitaine rentre chez D. Alonse.

SCENE XV.

CRISPIN *seul.*

J'Avois bien affaire aussi d'aller lui parler de ce maudit soufflet. Mais le vin est tiré, il faut le boire. Allons, Crispin, anime-toi. Après tout, ton ennemi n'a peut-être pas plus de cœur qu'un autre. Quand il verra une épée nue, il aura autant de peur que toi. Pourquoi non ? Faisons-en l'épreuve. Ç'a, représentons-nous que je le rencontre. Parlons lui d'un ton de Grenadier : Ah ! te voila, Pendard, te voila.... (*Il change de ton.*) Je vous demande pardon, Monsieur Crispin. J'étois yvre quand je vous ai souffleté. (*d'un ton rude.*) Tu étois yvre, Maraud ! Ha ha ! Voici de mes gens qui ne sont braves que lorsqu'ils ont bû ! Mets l'épée à la main, gueux & défends toi.... (*Il allonge des estocades.*) Tic, tac.... Sa lame est bonne, & il se défend bien ; mais j'en viendrai à bout. Pare-moi celle-ci : une, deux, trois, paf ! tien, misérable, va te faire panser..... (*d'un ton pleureur.*) Ah ! vous m'avez crévé un oeil..... (*d'un ton rude.*) Bon tant mieux, méchant borgne, je veux t'arracher l'autre. Il faut mourir.... (*appercevant Clarin*) Ahi, ahi, ahi !

SCENE XVI.
CRISPIN, CLARIN.

CLARIN *lui mettant la main sur l'épaule.*

Qui doit mourir ?

CRISPIN *à part.*

Ouf ! je ne le croyois pas si près de moi.

CLARIN.

Je vous trouve l'épée à la main !

CRISPIN.

Je viens de bourer un certain Quidam qui m'avoit insulté.

CLARIN.

Je suis ravi. J'aime les braves gens, & je suis prêt à vous faire raison du foufflet que j'ai pris la liberté de vous appliquer sur.....

CRISPIN.

Il s'est battu avec beaucoup de valeur. Il faut rendre justice à ses ennemis.

COMEDIE. 323

CLARIN.

Cela est généreux. Hâtons-nous, je vous prie, tandis que nous sommes seuls.

CRISPIN.

Je suis encore tout essoufflé de mon dernier combat ; laissez-moi respirer.

CLARIN.

Depêchons-nous donc.

CRISPIN.

Quoi ?

(declamant.)

Sortir d'une bataille, & combattre à l'instant !
Me prenez-vous pour un Cid ?

CLARIN.

Non, ma foi, non. Je vois bien que vous n'êtes rien moins qu'un Cid. Le Ciel vous a donné bien peu de courage.

CRISPIN.

Vous devez l'en remercier.

CLARIN *lui donnant des soufflets.*

Vous méritez d'être souffleté.

CRISPIN.

D'accord.

LE POINT D'HONNEUR.

CLARIN *lui donnant des nazardes.*

Nazardé.

CRISPIN.

Soit.

CLARIN *lui donnant des croquignolles.*

Croquignollé.

CRISPIN.

Tout ce qu'il vous plaira.

CLARIN.

Puisque vous ne voulez pas vous battre, vous trouverez bon que je vous donne des coups de bâton. Vous sçavez que c'est la regle.

CRISPIN.

Oui. Vous avez donc lû cela dans notre livre ?

CLARIN.

Mot pour mot.

CRISPIN.

Il en faut passer par là, car je suis rigide observateur de nos regles.... (*tendant le dos à Clarin.*) Allons, Monsieur, suivez-les.

CLARIN *après lui avoir donné des coups de bâton.*

C'est ainsi que je les donne.

CRISPIN.

C'est ainsi que je les reçois.

CLARIN.

Je vous ferai tâter de mon épée, si vous n'êtes pas content de cela.

CRISPIN.

Oh! je ne suis pas si difficile à contenter.

CLARIN *s'en allant.*

Adieu, frere.

CRISPIN *le saluant profondément.*

Monsieur, je suis votre serviteur très-humble.

SCENE XVII.

CRISPIN *seul.*

IL croyoit que je lâcherois pied devant lui. Il a été bien attrapé. Je lui ai tenu tête jusqu'au bout. Il est vrai que j'ai été battu ; mais les armes sont journalieres ; & au reste, voilà mon affaire vuidée.

Fin du second Acte.

ACTE TROISIE'ME.

Le Théatre repréſente l'appartement du Capitaine D. Lope. Cet appartement a l'air d'une Salle d'Armes : on y voit quantité de Fleurets, de Plaſtrons & autres uſtencilles concernant les Armes.

Il y a deux flambeaux ſur une table.

SCENE PREMIÈRE.

LE CAPITAINE, CRISPIN.

LE CAPITAINE.

Qu'eſt-ce, Criſpin ? Tu as l'air bien content.

CRISPIN.

Ah ! Seigneur Capitaine, j'ai une agréable nouvelle à vous annoncer.

LE CAPITAINE.

Je la lis dans tes yeux.

CRISPIN.

Vous voyez en moi votre vivante image. Je viens de terminer mon affaire très-heureusement.

LE CAPITAINE.

As-tu tué ton homme?

CRISPIN.

Non; mais il y a bien eu des coups donnés & reçus.

LE CAPITAINE.

De quelle maniere s'est passé la chose?

CRISPIN.

Je vais vous le dire en deux mots. J'ai rencontré mon ennemi. Nous avons parlé de nous battre. L'un de nous deux a refusé lâchement de tirer l'épée; & l'autre suivant nos regles, lui a donné vingt coups de bâton.

LE CAPITAINE.

Tu as bien fait de le traiter ainsi.

CRISPIN.

Après cela mon drôle ne m'a pas demandé son reste. Il s'est retiré, & m'a laissé maître du champ de bataille.

328 LE POINT D'HONNEUR

LE CAPITAINE.

Tu as fait prendre la fuite à ton ennemi ?

CRISPIN.

Oui, vraiment, il m'a montré les talons.

LE CAPITAINE.

Tu me ravis par ce discours, mon cher Crispin. Vien, mon fils, vien que je t'embrasse. Je veux que tu deviennes un des plus vaillans hommes du Royaume.

CRISPIN.

J'y ai beaucoup de disposition.

LE CAPITAINE.

Et dès-à-present, je te fais l'arbitre des démêlés de la populace.

CRISPIN.

Grand-merci.

déclamant.

Tôt ou tard la valeur reçoit sa récompense.

LE CAPITAINE.

Ma joye est extrême d'apprendre que tu te sois vengé : Car, enfin, mon ami, une injure est un pesant fardeau.

COMEDIE.

CRISPIN.

Très-pesant.

LE CAPITAINE.

Dans quelle affreuse situation se trouve un homme qui a été offensé, & qui n'est pas encore vengé.

CRISPIN.

J'ai passé par-là. Peste, c'est une horrible situation !

LE CAPITAINE.

Il a dans le cœur un ver qui le ronge sans relâche. Il est bourrelé.

CRISPIN.

Souffleté.

LE CAPITAINE.

Déchiré.

CRISPIN.

Nazardé.

LE CAPITAINE.

Dévoré.

CRISPIN.

Croquignollé.

LE CAPITAINE.

Mais quand il a gouté la douceur de la vengeance.....

CRISPIN.

Ho ho!

LE CAPITAINE.

Quel foulagement!

CRISPIN.

Quel plaifir!

LE CAPITAINE.

Que son ame est contente!

CRISPIN.

Elle nage dans la joye.

LE CAPITAINE.

Par exemple, quelle fatisfaction n'as-tu pas préfentement?

CRISPIN.

Oui, parbleu, je fuis fort fatisfait. Je ne voudrois pas être à recommencer..... Mais voici un de nos efpions. Que vient-il nous apprendre?

SCENE II.

LE CAPITAINE, CRISPIN, UN ESPION.

L'ESPION.

IL y a bien des affaires, Seigneur Capitaine.

LE CAPITAINE.

Qu'est-il arrivé?

L'ESPION.

Un Chevalier de Calatrave, nommé Don Martin d'Avalos a voulu donner cette nuit une sérénade à une fille de qualité; & un de ses rivaux est venu par jalousie déconcerter le concert. On s'est battu comme tous les diables de part & d'autre, & l'on a trouvé ce matin sur le carreau....

LE CAPITAINE *avec précipitation.*

Hé bien, sur le carreau?

L'ESPION.

Deux guittares brisées en mille piéces.

CRISPIN *riant.*

Ha, ha, ha, ha! Quel carnage!

LE CAPITAINE.

Il y a bien là de quoi rire! Je trouve le cas très-grave, moi. On ne doit point troubler des sérénades. L'usage en est légitime & consacré. Je prétends m'informer à fond de cette affaire.

CRISPIN.

Vous ferez sagement. Il faut découvrir ces perturbateurs de la galanterie nocturne, & leur faire payer les guittares.

LE CAPITAINE.

Quel étranger entre ici? Voyons ce qui l'amene.

L'Espion se retire.

COMEDIE.

SCENE III.

LE CAPITAINE, CRISPIN, UN SICILIEN.

LE SICILIEN *saluant le Capitaine.*

SEigneur, sur la réputation que vous avez.....

CRISPIN *l'interrompant & le saluant.*

Seigneur, je suis votre serviteur de tout mon cœur.

LE SICILIEN *à Crispin.*

Bon jour..... (*au Capitaine.*) Seigneur, sur la réputation que vous avez d'être le premier homme du monde...

CRISPIN *l'interrompant encore.*

Je suis ravi de vous voir en bonne santé.

LE SICILIEN

Il regarde sevèrement Crispin & reprend ensuite son discours.

D'être le premier homme du monde pour lever les scrupules que l'honneur fait naître quelquefois dans les ames sensibles aux injures, je viens exprès des extrémités de la Sicile à Madrid, pour vous prier de me conseiller dans un embarras où je me trouve.

LE CAPITAINE.

Volontiers. De quoi s'agit-il ?

CRISPIN.

Parlez. Nous vous écoutons.

LE SICILIEN.

Vous sçavez mieux que personne combien l'honneur d'un Gentilhomme est délicat & facile à blesser.

LE CAPITAINE

Ha ha !

CRISPIN.

Malepeste !

LE SICILIEN.

L'honneur est une glace que le moindre souffle ternit.

CRISPIN.

L'honneur est une prune qu'on ne sçauroit toucher sans en ôter la fleur.

LE SICILIEN.

Je suis natif de Catania près du Mont-Gibel, & je me nomme *Lupardi*. En lisant un vieux bouquin, j'ai trouvé qu'un homme qui portoit mon

COMEDIE.

nom, a été tué en duel autrefois ; & il n'est point fait mention dans le volume que sa mort ait été vengée.

LE CAPITAINE.

Il y a peut-être plusieurs Tomes.

LE SICILIEN.

Pardonnez-moi.

CRISPIN.

Et avez-vous vû toutes les éditions?

LE SICILIEN.

Le livre n'en a jamais eu qu'une.

CRISPIN.

Il a donc cela de commun avec bien des ouvrages.

LE CAPITAINE.

Comment s'appelloit le meurtrier de votre *Lupardi*?

LE SICILIEN.

Il s'appelloit Perichichichipinchi.

CRISPIN *riant*.

Perichichirichinpi.

LE SICILIEN.

Perichichichipinchi.

LE CAPITAINE.

Voici ce que vous avez à faire. Il faut que vous cherchiez quelque Cavalier qui porte ce nom, & que vous lui fassiez un appel.

CRISPIN.

Cela est dans les formes.

LE SICILIEN.

J'ai pensé comme vous, & j'ai d'abord fait des perquisitions dans la Sicile. Delà j'ai passé dans le Royaume de Naples & parcouru toute l'Italie; mais je n'ai point trouvé ce que je cherchois.

LE CAPITAINE.

Cela est malheureux.

CRISPIN.

Rien n'est plus désolant!

LE SICILIEN.

J'étois enfin, de retour chez moi fort mortifié d'avoir perdu mes pas & résolu d'abandonner une vengeance qu'il m'étoit impossible de tirer : mais l'inexorable point d'honneur m'est venu faire un crime du repos où je voulois demeurer ; & las d'être en proye
aux

aux secrets reproches qu'il me faisoit sans cesse, j'ai pris la résolution de continuer ma recherche.

LE CAPITAINE à *Crispin.*

Ah! mon ami, quelle délicatesse!

CRISPIN.

Oui, parbleu, ce Gentilhomme observe les points & les virgules de notre recueil.

LE SICILIEN.

J'ai dessein, après avoir soigneusement tâché de déterrer quelque *Perichichichipinchi* en Espagne, de me rendre aux Pays-bas, d'aller en France, en Allemagne, & de faire enfin le tour de l'Europe; mais si je ne tire aucun fruit d'un si long voyage, pensez-vous que je puisse en sûreté d'honneur en demeurer-là?

LE CAPITAINE.

Je ne le crois pas.

CRISPIN.

Ni moi non plus.

LE CAPITAINE.

Je ne me contenterois pas d'avoir fait le tour de l'Europe, je passerois aux Indes.

CRISPIN.

Je galoperois par toute la terre habitable pour n'avoir rien à me reprocher.

LE SICILIEN.

Seigneur Capitaine, on m'avoit bien dit que vous étiez roide sur l'article. Je vous remercie de vos conseils. Adieu. Je ne retournerai point en Sicile, que je n'aye fait tout ce que l'intérêt de mon nom attend de moi.

SCENE IV.

LE CAPITAINE, CRISPIN.

CRISPIN.

LE Seigneur *Lupardi* va bien battre du pays. Il court grand risque de ne revoir jamais le Mont-Gibel.

LE CAPITAINE.

C'est un brave homme ; & je souhaite qu'il rencontre..... mais voici Don Alonse, mon beau-frere futur.

COMEDIE.

SCENE V.
LE CAPITAINE, CRISPIN, D. ALONSE.

D. Alonse.

SEigneur Capitaine, je viens vous sommer de me tenir parole.

Le Capitaine.

Quand il en sera tems, je vous introduirai dans l'appartement de ma niéce. Allons dans mon cabinet attendre cet heureux moment.

Le Théatre change en cet endroit & représente l'appartement d'Estelle éclairé de quantité de bougies.

SCENE. VI.

ESTELLE, LEONOR.

ESTELLE.

Vous voyez, ma chere Léonor, si ma douleur est juste.

LEONOR.

Je ne puis revenir de ma surprise.

ESTELLE.

Hommes perfides & scélérats ! quand vous nous faites des sermens, que nous sommes sotes d'y ajouter foi !

LEONOR.

Quelle ingratitude !

ESTELLE.

Je souhaite que vous soyez plus heureuse que moi ; mais après ce qui m'est arrivé, je crois qu'il y a peu de fond à faire sur les promesses d'un amant.

COMÉDIE.

LEONOR.

Votre exemple, il est vrai, doit m'effrayer; mais s'il est quelqu'homme au monde qui ne ressemble point aux autres, c'est Don Carlos.

ESTELLE.

Vous avez donc trouvé le Phœnix.

LEONOR.

Sa seule phisionomie confond toutes les reflexions qu'on peut faire contre son sexe.

ESTELLE.

Sa phisionomie, dites-vous? Oh! prenez-y garde, Léonor. Don Luis en a une à tromper toute la terre.

SCENE VII.
ESTELLE, LEONOR, BEATRIX.

BEATRIX à Léonor.

Madame.

LEONOR.

Hé bien, Béatrix?

BEATRIX.

Je vous amene Don Carlos.

Beatrix fait entrer D. Luis & se retire ensuite.

LEONOR.

Vous allez voir, Estelle, que je n'ai pas fait un mauvais choix.

SCENE VIII.

ESTELLE, LEONOR, D. LUIS *le nez enveloppé dans son manteau.*

D. LUIS *à part reconnoissant Estelle.*

Juste Ciel! où me suis-je laissé conduire? C'est Estelle!

LEONOR.

Don Carlos, vous n'avez rien à craindre ici. Découvrez-vous.

D. LUIS *à part.*

Comment me tirer de ce mauvais pas?

ESTELLE.

Seigneur, n'ayez la-dessus aucune inquiétude.

COMEDIE. 343
D. LUIS *tout déconcerté.*

Pardonnez, Mesdames, si je vous quitte pour un instant.... j'ai oublié.... une affaire pressée.... J'ai deux mots à dire à un ami, qui...

LÉONOR.

Quel discours ! Avez-vous perdu l'esprit Don Carlos ? Pourquoi vous troublez-vous ?

D. LUIS.

Madame.....

LÉONOR.

Finissons. Découvrez-vous. Je le veux.

D. LUIS *faisant un pas pour s'en aller.*

Je vais revenir dans un moment.

(*On entend dans cet endroit du bruit à la porte.*)

LÉONOR.

Qu'entends-je ?

ESTELLE.

On ouvre ! O Ciel, on entre !

LÉONOR *à part.*

Que vois-je ! C'est mon frere. Je suis perdue !

SCENE IX.

ESTELLE, LEONOR, D. LUIS, D. ALONSE, LE CAPITAINE, CRISPIN.

ESTELLE (*s'avançant vers la porte.*

Quel audacieux peut venir...

D. ALONSE.

Ne vous allarmez pas, Madame, un amant soumis & respectueux ne doit point... mais quel objet s'offre à mes regards ? Un homme avec ma sœur & ma maîtresse !

LE CAPITAINE *à part, se frotant les yeux.*

Est-ce une illusion ?

ESTELLE.

D. Alonse chez moi !.. (*au Capitaine*) Et c'est vous, Seigneur, qui l'introduisez !

COMEDIE.

LE CAPITAINE.

Ma présence doit vous rassurer. Mais que fait ici ce Cavalier ?

CRISPIN.

Ouf !

D. ALONSE.

Cet inconnu qui prend soin de se cacher, offense mon honneur ou mon amour.

CRISPIN *bas*.

Notre livre sera consulté.

D. ALONSE *mettant la main sur la garde de son épée*.

Il faut qu'il éprouve le châtiment que merite sa temerité.

LEONOR *tremblante*.

Que vont-ils faire ?

ESTELLE *saisissant le bras de D. Alonse*.

Arrêtez, Don Alonse. Songez au respect que vous me devez.

LEONOR *au Capitaine*.

Seigneur Don Lope, de grace, calmez..

LE CAPITAINE

Ecoutez. Point de bruit. Voici de quelle maniere on peut accommoder la chose.

ESTELLE *à part.*

Il va dissiper cet orage.

LEONOR.

Puisse-t-il nous tirer de peine.

CRISPIN.

L'Oracle va parler.

LE CAPITAINE.

Crispin, ferme la porte. Et vous, Don Alonse, faites tous vos efforts pour tuer ce Cavalier tout à l'heure.

LEONOR *faisant un cri.*

Ah !

ESTELLE.

O Dieux !

LE CAPITAINE.

Et si par malheur il vous tue, je suis ici pour le tuer après. Par ce moyen votre mort sera vengée & votre honneur satisfait.

CRISPIN.

Voilà un temperamment de notre façon.

LEONOR au Capitaine.

Quoi ? vous flattez leur rage au lieu de vous y opposer !

ESTELLE.

Comment ? vous voulez que dans mon appartement même...

LE CAPITAINE.

Oüi, ma niéce, il faut que cela soit. En pareille rencontre, c'est ainsi qu'on en doit user.

CRISPIN.

C'est l'ordre, Madame, c'est la regle.

ESTELLE.

Que dira-t-on de moi dans le monde?

LE CAPITAINE.

Soyez tranquille sur cela. Mon témoignage suffit pour faire taire la médisance. Allons, Seigneurs Cavaliers, battez-vous à votre aise.

CRISPIN.

Oüi, tuez-vous, égorgez-vous à

votre aife. Mon maître eft dans fon élement.

(*Les deux Cavaliers mettent l'épée à la main.*)

LEONOR.

A l'aide!

ESTELLE.

Au fecours!

LE CAPITAINE.

Attendez, Don Alonfe; je fais réflexion que vous ne connoiffez pas ce Cavalier.

D. ALONSE.

Que m'importe?

LE CAPITAINE.

Il faut connoître l'offenfeur. (*à Don Luis*) Seigneur inconnu, découvrez-vous, & nous apprenez qui vous êtes.

D. LUIS.

Malgré les interêts qui m'obligent à me cacher, je vais donc me faire connoître.

(*Il fe découvre.*)

ESTELLE.

Ah! C'eft Don Luis!

COMEDIE.

LE CAPITAINE.

Que vois-je ? Don Carlos !

ESTELLE.

Qui t'amene ici, traître ? Viens-tu séduire mon amie, & couronner par-là ta trahison ?

D. ALONSE *à Estelle*.

Madame, laissons-là les discours. Je vais vous venger d'un infidele en punissant un suborneur.

LE CAPITAINE.

Doucement, Don Alonse. Ce Don Luis m'est connu sous le nom de Don Carlos. C'est mon meilleur ami. C'est lui qui m'a sauvé la vie en Flandres. Je dois défendre la sienne.

CRISPIN.

Oüi, nous périrons à ses côtés.

D. ALONSE.

Mais, Don Lope, il est votre rival, & de plus vous avez promis de venger votre niéce de l'infidelité de Don Luis.

LE CAPITAINE *rêvant*.

Il est vrai.

D. ALONSE.

Faut-il donc compter pour rien votre parole ?

LE CAPITAINE.

Non.

CRISPIN *à part*.

Oh ! ma foi, pour le coup notre recueil est en défaut.

LE CAPITAINE *à D. Luis*.

Don Carlos, ou plûtôt Don Luis, puisque c'est votre veritable nom, je sens toute l'obligation que je vous ai ; mais l'honneur veut que mon bras s'arme contre vos jours. Je suis au désespoir d'en venir là avec vous. Pourquoi faut-il que vous soyez si coupable ?

(*Il tire l'épée.*)

D. LUIS.

En quoi, Don Lope, suis-je donc si coupable ?

LE CAPITAINE.

En quoi ? Malgré la foi jurée, vous abandonnez ma niéce, vous vous mariez à Bruxelles, & vous revenez à Madrid séduire Leonor ma maîtresse.

COMEDIE.

D. Luis.

Je ne suis point marié. C'est une fable que mon Valet a inventée dans l'embarras où il s'est trouvé en rencontrant Estelle.

Le Capitaine.

Oh! puisque vous n'êtes pas marié, c'est une autre affaire. Il est aisé de nous accorder.

D. Alonse.

Hé, comment cela?

Le Capitaine.

Don Luis n'a qu'à rendre son cœur à ma niece, & l'épouser dès demain.

D. Alonse.

L'épouser! Il faut donc que je me venge des soins que Don Luis a rendus à ma sœur sans mon aveu, & qu'en même-tems je lui dispute le cœur d'Estelle.

Le Capitaine.

Soit; mais si vous ôtez la vie à Don Luis, je serai obligé d'attaquer la vôtre.

Crispin.

Il y a aussi bien des rapports dans cette affaire-ci.

ESTELLE.

C'est à moi de finir tous ces débats..
(*au Capitaine*) Seigneur Don Lope, je vous rends votre parole. Je ne souhaite plus d'être vengée. Je ne vois plus en Don Luis un amant cheri. Son inconstance a rendu mon coeur libre, & je donne ma main au Seigneur Don Alonse.

D. ALONSE.

Ah ! Madame, en récompensant ma constance, vous me faites oublier tous les maux que j'ai soufferts depuis quatre ans.

LE CAPITAINE à D. *Alonse.*

Depuis quatre ans ! Vous avez donc soupiré pour Estelle avant Don Luis ?

D. ALONSE.

Oüi, Seigneur.

LE CAPITAINE.

Eh ! que ne le disiez-vous d'abord ? Vous levez par-là tous les obstacles. C'est la date qui doit décider entre deux rivaux d'un merite égal.

LEONOR.

COMEDIE.

LEONOR *au Capitaine*.

Suivez donc vous-même vos regles, Seigneur Capitaine, & cedez-moi à Don Luis.

LE CAPITAINE.

Que je vous cede à Don Luis.

LEONOR.

Oüi vraiment. Il n'y a que trois jours que vous m'aimez, & il y en a huit qu'il me rend des soins.

CRISPIN *au Capitaine*.

Vous n'avez pas le mot à dire à cela.

LE CAPITAINE.

Non. Puisque l'honneur l'ordonne, l'amour a beau s'y opposer. Il faut sacrifier à l'honneur jusqu'à son bonheur même. Je souscris à la félicité de Pacheco.

D. LUIS.

Par ce sacrifice, Don Lope, vous payerez avec usure le service que je vous ai rendu.

LE CAPITAINE.

O Point d'honneur! Que tu as de pouvoir sur les belles ames!

Tome I. Gg

CRISPIN.

O point d'honneur que tu es sensible aux épaules!

Fin du troisiéme & dernier Acte.

LA TONTINE;
COMEDIE
En un Acte.

Je présentai cette Comédie aux Comédiens en 1708. Ils la reçurent, & ils se disposoient à la jouer ; mais je la retirai pour des raisons, que le Public se passera bien de sçavoir, & elle n'a été représentée qu'au mois de Fevrier 1732.

ACTEURS.

M. TROUSSE-GALANT, Médecin.
M. BOLUS, Apotiquaire.
MARIAMNE, fille de M. Trousse-Galant.
ERASTE, Amant de Mariamne.
FROSINE, Suivante de Mariamne.
CRISPIN, Valet d'Eraste.
AMBROISE, Valet de M. Trousse-Galant.
Troupes de Soldats.

La Scene est à Paris chez Monsieur Trousse-Galant.

LA TONTINE,
COMEDIE.

ACTE PREMIER.

SCENE PREMIERE.

M. TROUSSE-GALANT.
M. BOLUS.

M. BOLUS

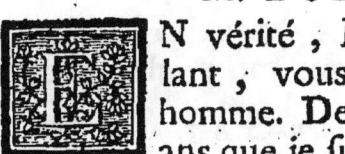N vérité, M. Trousse-Galant, vous êtes un habile homme. Depuis trente-cinq ans que je suis dans la Pharmacie, foi d'Apotiquaire, je n'ai point vû de Médecin, qui raisonnât plus solidement que vous.

M. Trousse-Galant.

Je posséde, je l'avoue, parfaitement mes Auteurs. Je sçais la Médecine à fond. Personne n'a pénétré plus avant que moi dans les secrets de la Nature.... Mais laissons-là les louanges. Je ne les puis souffrir. Je vous améne chez moi pour vous parler d'une affaire importante pour nous deux. Vous voulez bien auparavant que je m'informe si, pendant que j'ai été en ville, personne ne m'est venu demander... Frosine, holà, Frosine ?

SCENE II.

M. TROUSSE-GALANT, M. BOLUS, FROSINE.

FROSINE *accourant à sa voix.*

Comme vous criez ! Hé bien, Monsieur, que me voulez-vous ?

M. Trousse-Galant.

Ne m'est-on pas venu chercher de la part de Madame la Baronne de Tronsec ?

COMEDIE

FROSINE.

Non, Monsieur.

M. TROUSSE-GALANT.

Tant mieux. C'est signe que le dernier remede n'a pas produit un mauvais effet. Et de chez Monsieur Bonnegriffe le Procureur a-t-on envoyé….

FROSINE.

Oui, Monsieur.

M. TROUSSE-GALANT.

Bon. C'est pour me dire apparemment que la ptisane rafraîchissante que je lui fis prendre hier au soir, l'a guéri de sa pleuresie.

FROSINE.

Oui, car le pauvre homme est mort cette nuit. Son Maître-Clerc en furie est venu pour vous apprendre cette nouvelle. Il vous a maudit M. Bolus & vous. J'ai voulu prendre votre parti. Il m'a dit un million d'injures. Heureusement je suis faite à cela. Je l'ai écouté de sang froid.

M. TROUSSE-GALANT.

De quoi peut-on se plaindre? J'ai fait saigner le Malade plus de vingt

LA TONTINE.

fois. Je l'ai rafraîchi. Il devoit guérir suivant nos Anciens.

FROSINE.

Et mourir suivant les Modernes.

M. TROUSSE-GALANT.

Retirez-vous, impertinente. Il vous sied bien à vous de parler contre les Docteurs en Médecine ! Laissez ce soin-là aux Chirurgiens. *Frosine rentre.*

SCENE III.

M. TROUSSE-GALANT, M. BOLUS.

M. BOLUS.

Entre nous, M. Trousse-Galant, je n'ai pas bonne opinion de cette ptisanne rafraîchissante que vous me faites faire pour les Pleuretiques.

M. TROUSSE-GALANT.

Effectivement en voilà douze qu'elle m'emporte, sans compter M. Bonnegriffe.

M. BOLUS.

COMEDIE.

M. Bolus.

Et sans compter aussi Madame Trousse-Galant votre épouse, à qui vous la baillâtes l'année passée.

M. Trousse-Galant.

Il est vrai.

M. Bolus.

C,a mériteroit quelque attention.

M. Trousse-Galant.

Point du tout. Un bon Médecin va toûjours son train sans se rendre à des épreuves, qui blessent des principes établis & reçus dans l'Ecole.

M. Bolus.

C'est une autre chose.

M. Trousse-Galant.

Je n'en démordrai jamais.

M. Bolus.

Vous ferez sagement.

M. Trousse-Galant.

Venons à l'affaire dont je veux vous parler. Vous sçavez, M. Bolus, que je vous ai toûjours regardé comme mon meilleur ami.

M. BOLUS.

Vous me rendez justice. J'étois bien serviteur de feu M. votre pere, & c'est moi qui lui ai fourni les drogues dans la maladie dont il est mort.

M. TROUSSE-GALANT.

Je vous en suis redevable. Aussi je ne perds pas une occasion de vous en marquer ma reconnoissance & de vous faire plaisir. J'ordonne beaucoup de remédes.

M. BOLUS.

Oh pour cela, oui.

M. TROUSSE-GALANT.

Je purge votre boutique de toutes vos drogues inutiles; & quand il s'agit de faire entrer dans mes ordonnances des drogues cheres, je ne manque pas d'en mettre toûjours cinq ou six scrupules plus qu'il ne faut.

M. BOLUS.

Et moi j'en mets toûjours sept ou huit moins que vous n'en ordonnez. Par-là je sauve la vie au malade, & conserve votre réputation.

M. TROUSSE-GALANT.

De plus, comme nous en sommes

convenus, j'ordonne des remedes imaginaires, que je dis qu'on ne trouve que chez vous. Je loue la bonté, la propreté & la fidélité de vos compositions.

M. BOLUS.

De mon côté je ne m'épargne point à vous louer. Je rapporte de vous des cures extraordinaires, dont j'assure avoir été témoin.

M. TROUSSE-GALANT

C'est ainsi qu'il en faut user.

M. BOLUS.

Et je vous envoye tous les Malades qui viennent dans ma Boutique, en vous élevant jusqu'aux nuës, & en décriant tous les autres Médecins de Paris sans exception.

M. TROUSSE-GALANT.

Enfin, nous nous rendons mutuellement tous les services qu'un Médecin & un Apotiquaire bien unis ont coûtume de se rendre. Oh ça, pour achever de cimenter notre amitié, vous ne devineriez jamais ce que je me suis avisé de faire. J'ai mis dix mille francs à la Tontine.

H h ij

M. Bolus.

A la Tontine, vous!

M. Trousse-Galant.

Non sur ma tête; mais sur celle d'un Garçon de soixante ans, à qui vous n'en donneriez pas quarante. C'est le parent d'un de mes Fermiers. Un homme d'une complexion vigoureuse, & qu'il a fortifiée encore par quelques Campagnes qu'il a faites, tant en Allemagne qu'en Italie.

M. Bolus.

Hé bien!

M. Trousse-Galant.

J'ai placé mon argent sous son nom, après quoi, nous avons passé pardevant Notaires un bon Acte, par lequel il me cede à moi & aux miens tout ce qui doit lui revenir de la Tontine : comme de mon côté je m'engage à le nourrir chez moi toute sa vie.

M. Bolus.

Cela n'est pas mal imaginé.

M. Trousse-Galant.

Un Garçon de cette nature-là entre mes mains deviendra immortel.

COMÉDIE.

M. BOLUS.

Il n'en faut nullement douter.

M. TROUSSE-GALANT.

Mais supposons qu'il ne vive que... Mettons les choses au pis aller, cent ans, par exemple.

M. BOLUS.

Au pis aller, oui, cent ans.

M. TROUSSE-GALANT.

N'est-il pas certain que dans quinze ou vingt ans d'ici il se trouvera Doyen de sa Classe.

M. BOLUS.

Selon toutes les apparences.

M. TROUSSE-GALANT.

Cinq ans après, il ne restera plus que lui. Par conséquent je jouirai de tout le revenu pendant vingt bonnes années.

M. BOLUS.

Ce raisonnement est clair. Ah que vous avez fait un bon emploi de vôtre argent! Quand vous l'auriez mis au denier deux, il ne seroit pas mieux placé.

M. Trousse-Galant.

Je suis ravi que vous approuviez ce projet de fortune. Vous y êtes intéressé au moins ; car j'ai résolu de vous faire épouser ma fille.

M. Bolus.

Monsieur, c'est un honneur que...

M. Trousse-Galant.

Laissons-là les complimens. Et pour dot je vous donne la moitié de ce revenu immense qui ne sçauroit nous échapper. Je vais vous faire voir le Garçon dont il s'agit. Vous conviendrez que c'est une pâte d'homme excellente. *Il rentre chez lui pour un moment.*

SCENE IV.

M. BOLUS. *seul.*

QUE ce Docteur a d'esprit ! Il y a des gens qui le croyent un peu fou, mais ce qu'il vient de faire, va bien les désabuser.

SCÈNE V.

M. TROUSSE-GALANT, M. BOLUS, AMBROISE.

M. Trousse-Galant *revenant avec Ambroise.*

Considerez-moi ce Garçon-là. Vit-on jamais de corps mieux proportionné ?

M. Bolus.

Non, il a tout l'embonpoint nécessaire.

M. Trousse-Galant

Que dites-vous de ces yeux ?

M. Bolus.

Ah ! qu'ils sont vifs !

M. Trousse-Galant.

Comment trouvez-vous sa charnure ?

M. Bolus.

Admirablement belle.

LA TONTINE.

M. TROUSSE-GALANT *à Ambroise.*

Ouvre la bouche. (*à M. Bolus.*) Voyez ces dents. Qu'elles sont saines & bien rangées.

M. BOLUS.

Il n'en a pas perdu une.

M. TROUSSE-GALANT *à Ambroise.*

Fais un peu entendre ta voix.

AMBROISE.

Hem, hem, hem !

M. BOLUS.

C'est un Tonnerre ! La bonne constitution !

M. TROUSSE-GALANT *à M. Bolus.*

Tâtez-lui le poulx. Il l'a ferme & toûjours égal.

M. BOLUS.

Il a tous les signes d'une longue vie.

T. TROUSSE-GALANT.

Regardez cette poitrine.

M. BOLUS.

Quelle largeur ! Que vous avez fait-là une bonne affaire, M. le Docteur ?

M. Trousse-Galant.

Nous allons nous enrichir, M. Bolus.

M. Bolus.

C'est un Perou que nous avons-là.

M. Trousse-Galant *à Ambroise*.

Parle, Ambroise, dis-moi, hier au soir lorsque tu te mis au lit, fus-tu long-tems sans t'endormir ?

Ambroise.

D'abord que j'eus la tête sur le chevet, crac, je m'assoupis.

M. Bolus.

Sommeil aisé.

Ambroise.

Et je ne me suis réveillé que fort tard ce matin.

M. Trousse-Galant.

Et profond ; avec un appétit toûjours égal & que j'ai soin de soumettre aux regles de la sobrieté.

Ambroise.

Oh pour cela, Monsieur le Docteur,

vous me faites vivre bien sobrement...
(*Il bâille.*)

M. TROUSSE-GALANT.

Comme il bâille ! Hom ! Ce bâillement ne signifie rien de bon. Cela dénote une plénitude de vaisseaux, la tension des muscles, l'extension du Diaphragme avec un épanchement irrégulier des esprits animaux. Il faut remédier à ce dérangement par une copieuse saignée.

AMBROISE. *d'un ton pleureur.*

Encore une saignée, miséricorde !

M. TROUSSE-GALANT.

Précédée d'un lavement composé de plantes émollientes, pour empêcher que les Sucs grossiers ne succedent au sang que l'on doit tirer. Allez vîte, Monsieur Bolus, préparez vous-même ce clistere, & l'aportez.

M. BOLUS.

Je serai bientôt de retour.

M. TROUSSE-GALANT.

Le plûtôt qu'il vous sera possible. L'affaire est sérieuse, & veut de la diligence.

M. Bolus sort.

SCENE VI.

M. TROUSSE-GALANT, AMBROISE.

AMBROISE.

NE vous lasserez-vous point de me tourmenter, M. le Docteur ? Il n'y a pas trois jours que je suis entre vos mains, & vous m'avez déja fait saigner deux fois.

M. TROUSSE-GALANT.

Le sang n'est pas necessaire à la conservation de la vie. Je sçai ce que je fais. J'ai plus d'interêt que tu vives que toi-même. Ecoute, mon ami. Aussi-tôt que tu auras été saigné, je te ferai bien déjeûner.

AMBROISE.

Ah ! bon pour cela.

M. TROUSSE-GALANT.

Je te veux donner quelque chose d'appetissant. Que mangerois-tu bien, par exemple ?

AMBROISE.

Je mangerois bien d'une bonne fricaſſée de pied de Mouton.

M. TROUSSE-GALANT.

Fi ! quel mauvais génie te pouſſe à deſirer un aliment ſi déteſtable. C'eſt une chair viſqueuſe & adherante à l'eſtomach.

AMBROISE.

Il me ſemble pourtant avoir oüi-dire que les Apotiquaires en faiſoient des gêlées.

M. TROUSSE-GALANT.

D'accord. Mais, entre nous, ils les vendent & les font paſſer pour des ſucs & des précis de viandes exquiſes.

AMBROISE.

Hé bien, faites-moi mettre à la broche une bonne Oye.

M. TROUSSE-GALANT.

Rien n'eſt plus indigeſte.

AMBROISE.

Donnez-moi donc des Sauciſſes de Cochon.

M. TROUSSE-GALANT.

Cela eſt trop ſalé.

COMEDIE.

AMBROISE.

Trop salé, trop doux, trop crud, trop cuit ; que diable voulez-vous donc que je mange ?

M. TROUSSE-GALANT.

Une once de fromage mou.

AMBROISE.

Du fromage mou !

M. TROUSSE-GALANT.

Avec deux ou trois verres de ptisane hépatique.

AMBROISE.

Je suis mort. Je suis enterré.

SCENE VII.

M. TROUSSE-GALANT, AMBROISE, FROSINE.

FROSINE.

Monsieur, il y a la bas un homme qui demande à vous parler.

M. TROUSSE-GALANT *sortant*.

Voyons ce qu'il nous veut.

SCENE VIII.

AMBROISE, FROSINE,

AMBROISE *soupirant*

Ahi!

FROSINE.

Tu soupires! D'où vient cela, mon pauvre Ambroise?

AMBROISE.

On va me saigner encore & me donner... *Il fait le geste de donner un lavement.*

FROSINE.

Qu'as-tu donc?

AMBROISE.

On dit que j'ai l'extension du Diaphragme, les muscles, & je ne sçai combien d'autres maux encore; & si pourtant je ne sens rien de tout cela.

FROSINE.

Tant pis, mon ami, tant pis, quand on ne sent point son mal.

AMBROISE.

Depuis que je suis dans cette maison,

COMEDIE.

j'ai perdu plus de sang que dans toutes mes campagnes.

FROSINE.
Je le crois.

AMBROISE.
M. Trousse-Galant prétend me faire survivre à toute ma classe, mais s'il continue à me traiter comme il fait, il ne touchera pas seulement le premier quartier.

FROSINE.
La chose est possible.

AMBROISE.
Dites plûtôt assurée. Quand j'échapperois à la saignée, je n'échapperai point à la diette.

FROSINE.
Il est constant que la frugalité regne dans tes repas.

AMBROISE.
Hé, comment diable y resister ! Il me tient enfermé & me traite en malade. Il rogne & compte mes morceaux. Il me défend même le vin. Maugrebleu de ses principes. Il feroit mieux de laisser agir la nature.

FROSINE.

En effet, défendre le vin à un Rentier de la troisiéme Classe, c'est défendre les femmes à un homme de la Seconde.

AMBROISE.

Frosine, ma chere Frosine, es-tu capable de pitié ?

FROSINE.

Sans doute. Que puis-je faire pour toi ?

AMBROISE.

Tu disposes de tout dans la maison. Si tu voulois me donner une bouteille de vin, je te devrois la vie.

FROSINE.

Le Ciel m'en préserve. Puisqu'on t'interdit le vin, c'est une preuve que le vin t'est contraire.

AMBROISE *à genoux.*

Je t'en conjure à genoux.

FROSINE.

Priere inutile.

AMBROISE.

Donne-moi seulement une chopine.

FROSINE.

FROSINE.

Pas une goute.

AMBROISE.

Ah, cruelle! si je n'avois que vingt-cinq ans, tu m'offrirois la clef de la cave.

FROSINE.

Je n'en voudrois pas jurer.

SCENE IX.

AMBROISE, FROSINE, M. TROUSSE-GALANT.

M. TROUSSE-GALANT *voyant Ambroise aux genoux de Frosine.*

OH, oh, Monsieur Ambroise, comme vous vous passionnez, tudieu! Ce n'est pas ainsi qu'on doit se préparer à recevoir un lavement. Allons, retournez à votre chambre, & vous y tenez tranquile en attendant M. Bolus. Voyez un peu le Drôle, il lui en faut vraiment.

Ambroise rentre.

Frosine.

Vous ne sçavez pas, Monsieur, ce qu'il me demandoit à genoux ?

M. Trousse-Galant.

Cela n'est pas difficile à deviner. Ah, le pendart !

Frosine.

Il croyoit m'enjoller avec ses paroles douces & suppliantes, mais je ne suis pas fille à me laisser aller.

M. Trousse-Galant.

Fort bien, Frosine, point de foiblesse humaine.

Frosine.

Je l'aurois laissé crever plûtôt que de lui rien accorder.

M. Trousse-Galant.

Il faut bien t'en garder. Je prétends qu'il vive avec une retenue.

Frosine *à part.*

Nous ne nous entendons pas.

M. Trousse-Galant.

Oh ça, Frosine, on me vient chercher pour aller voir un gros Chantre qui a la fiévre, & qui ne veut point boire de ptisane, mais avant que je sorte,

je serois bien-aise de parler à ma fille:
Fais la descendre.

SCENE X.
M. TROUSSE-GALANT, *seul.*

JE pourrois trouver un parti plus considerable pour Mariamne que M. Bolus, quelque Gentilhomme ruiné, par exemple, ou quelque Conseiller; mais il me faudroit payer les dettes de l'un ou acheter la charge de l'autre, au lieu que je me défais de ma fille à meilleur marché.

SCENE XI.
M. TROUSSE-GALANT, MARIAMNE, FROSINE.

MARIAMNE.

QUe souhaitez-vous de moi, mon pere?

M. TROUSSE-GALANT.

Vous apprendre une chose, qui, je crois, ne vous fera pas desagréable : j'ai résolu de vous marier. Je vous ai

I iij

choisi pour époux un homme qui ne vous donnera que de la satisfaction ; un homme qui a toute la sagesse imaginable.

MARIAMNE *en soupirant.*

O Ciel !

FROSINE *en soupirant.*

Ahi !

M. TROUSSE-GALANT *regardant sa fille.*

Il a toute la prudence...

MARIAMNE *bas.*

Que je suis malheureuse !

M. TROUSSE-GALANT *regardant Frosine.*

Toute la maturité d'esprit.

FROSINE *bas.*

Nous voilà bien partagées.

M. TROUSSE-GALANT.

Ouais. Que signifie donc ceci, s'il vous plaît ? Je ne vous ai point encore nommé le gendre dont j'ai fait choix ; je ne vous en dis que du bien, & vous faites toutes deux la grimace.

FROSINE.

Ce n'est pas le bien que vous en

COMEDIE.

dites qui nous chagrine ; c'est le désagrément qui y est attaché.

M. TROUSSE-GALANT.

Comment le désagrément ?

FROSINE.

Eh, oui, Monsieur, ces bonnes qualités ne conviennent qu'à un vieillard. Faites-nous plûtôt un vilain portrait de quelque joli jeune homme.

M. TROUSSE-GALANT.

Mais ce n'est point un vieillard que je destine à ma fille. C'est Monsieur Bolus.

MARIAMNE *avec surprise.*

Monsieur Bolus !

FROSINE *sur le même ton.*

Monsieur Bolus !

M. TROUSSE-GALANT.

Oui, Monsieur Bolus. Il n'a que cinquante ans. Ce n'est qu'à cet âge-là que l'on commence d'avoir du mérite.

FROSINE.

Un homme de mérite ne convient donc point à Mademoiselle Mariamne ; & je vais vous le prouver : pour connoître le prix d'un Epoux plein de mérite & de raison, ne faut-il pas que l'épouse ait l'esprit meur. Or, Mademoiselle ne l'a pas encore; mais si vous lui donnez à present un jeune homme, dans vingt ans d'ici elle aura de la raison & un mari raisonnable.

M. TROUSSE-GALANT.

Le beau raisonnement ! Une fille sage ne doit point examiner l'époux qu'on lui propose; elle ne doit considérer que le plaisir de faire une chose agréable à son pere. Entendez-vous, Mariamne ? Qu'à mon retour je vous trouve disposée à recevoir la main de Monsieur Bolus. *Il s'en va.*

SCENE XII.

MARIAMNE, FROSINE.

MARIAMNE.

L'As-tu bien entendu, Frosine ? Est-il un malheur égal au mien ? Ce n'est pas assez de perdre l'espérance d'être à Eraste, il faut encore me résoudre à devenir femme de Monsieur Bolus.

COMEDIE. 383

FROSINE.

La pillule est amère assurément.

MARIAMNE.

Eraste, cher Eraste, quel sera ton désespoir quand tu sçauras cette nouvelle !

FROSINE.

Helas ! je crois déja le voir qui s'afflige avec vous. Quelle vive douleur paroît dans ses yeux ! Que de pleurs coulent des vôtres ! J'en ai le frisson pour le vieil apotiquaire.

MARIAMNE.

Que tu plaisantes mal à propos.

FROSINE.

Je ne plaisante point. Je ne fais comme vous que me représenter l'avenir. Mais je le regarde dans un point de vûe différent. Vous n'envisagez que le désespoir & moi que la consolation. Je lis dans l'avenir plus agréablement que vous.

MARIAMNE.

Tu te trompes, Frosine. Si je suis assez malheureuse pour être à Monsieur Bolus, j'en gemirai sans doute, mais je remplirai mon sort. Plus j'aurai à souffrir, plus ma vertu s'affermira.

FROSINE.

Je sçai bien que la vertu s'épure dans les souffrances ; mais elle s'y laisse aussi quelquefois corrompre.

MARIAMNE.

J'entends du bruit. Quelqu'un vient.

FROSINE.

Eh, Mademoiselle, c'est Eraste !

SCENE XIII.

MARIAMNE, FROSINE, ERASTE, CRISPIN.

CRISPIN.

C'Est lui-même, Frosine, & ton aimable Crispin.

FROSINE.

Vous arrivez ici, Messieurs, fort à propos pour nous aider à détourner l'orage qui nous ménace. Monsieur Trousse galant a promis sa fille à Monsieur Bolus.

CRISPIN.

CRISPIN.

A ce vieux Camard d'Apotiquaire qui travaille dans sa boutique avec des lunettes ?

FROSINE.

Justement.

ERASTE.

Cela est-il possible ?

FROSINE.

Si possible que ce mariage se doit faire incessamment.

ERASTE.

Hé, Mademoiselle, vous laisserez-vous entraîner à l'autel sans faire le moindre effort en ma faveur ?

MARIAMNE.

Quels efforts, Eraste, pouvez-vous attendre de moi?

CRISPIN.

Parbleu, Mesdames, vous n'avez qu'à nous suivre jusqu'à notre auberge. Nos chevaux sont tout prets... Nous vous enleverons toutes deux.

FROSINE.

C'est bien dit. Laissons-nous enlever. Tout est pardonnable dans le premier mouvement.

MARIAMNE.

Vous extravaguez, Frosine.

ERASTE.

Crispin, je t'en conjure, cherche dans ta tête quelque stratagême qui puisse prévenir cette union funeste.

CRISPIN.

C'est à quoi je vais rêver. Rêve aussi de ton côté, Frosine, toi qui es d'une si grande ressource pour les coups de partie.

FROSINE.

J'y consens. Echauffons-nous à l'envi l'imagination.

CRISPIN.

Hé bien, qu'imagines-tu ?

FROSINE.

Oh, donne-toi patience.

CRISPIN.

Peste soit de l'esprit bouché. Je ne rêve pas si longtems moi. J'ai déja trouvé le meilleur expédient...

FROSINE.

Voyons.

CRISPIN.

Il n'y a qu'à brouiller Monsieur Bolus avec Monsieur Trousse-galant. N'est-ce pas un moyen sûr de rompre le mariage qu'ils ont arrêté ensemble ?

FROSINE.

Sans contredit.

ERASTE.

Cela me paroît bien pensé.

CRISPIN.

N'est-ce pas ? Oh, les ruses ne me coutent rien.

FROSINE.

Mais tu ne dis pas de quelle maniere on pourra les brouiller.

CRISPIN.

Ah, vous avez raison. Comment pourrons-nous en venir à bout ? Attendez, quelque malade depuis peu ne seroit-il pas mort entre leurs mains ?

FROSINE.

Oui vraiment, ils viennent d'expédier Monsieur Bonnegriffe le Procureur.

CRISPIN.

Cela est heureux. Il faut dire à Monsieur Trousse-galant que Monsieur Bolus dit que c'est l'ordonnance du Médecin qui a fait mourir le malade, & l'on dira en même tems à l'Apotiquaire que le Médecin rejette la faute sur la composition.

ERASTE.

J'approuve cette idée.

FROSINE.

Elle ne vaut rien.

MARIAMNE.

Pourquoi donc?

FROSINE.

Elle ne vaut rien, vous dis-je. Monsieur Bolus & Monsieur Trousse-galant sont intimes amis. Il y a dix ans qu'ils tuent ensemble les plus honnêtes gens de Paris, sans avoir le moindre démêlé sur cela, & vous voulez qu'ils se brouillent pour un Procureur?

CRISPIN.

Il me vient un autre artifice. Oh,

pour celui-ci, il est immanquable. Est-il vrai que Monsieur Trousse-galant ait mis dix mille francs à la Tontine sur la tête d'un Paysan ?

FROSINE.

Rien n'est plus véritable.

CRISPIN.

Tant mieux. Cela m'inspire un dessein dont je tiens la réussite infaillible. Je voudrois parler à ce paysan.

FROSINE.

Tu vois la porte de sa chambre. Tu peux entrer. Il est seul.

CRISPIN *entrant dans la chambre d'Ambroise*

Cela suffit. Laissez-moi faire.

SCENE XIV.

MARIAMNE, ERASTE, FROSINE.

MARIAMNE.

Quel peut être le stratagême qu'il médite !

FROSINE.

Je ne sçai ; mais Crispin est un fripon des plus adroits.

ERASTE.

Et j'espere que Frosine secondera son industrie.

FROSINE.

De tout mon pouvoir, & comptez que si nous n'écartons pas Monsieur Bolus, nous retarderons du moins son mariage.

MARIAMNE *embrassant Frosine.*

Tu me rappelles à la vie, Frosine.

ERASTE *embrassant à son tour Frosine.*

Avec quel transport je me livre à

l'espérance que tu nous donnes !
FROSINE.
Je le vois bien.
MARIAMNE.
Que ne te devrai-je point, si tu m'arraches à l'odieux mari que mon pere me destine ?
FROSINE.
Nous vous en déferons.
ERASTE.
Quelle obligation ne t'aurai-je pas, si tu rends à ma tendresse la divine Mariamne ?
FROSINE.
Les pauvres enfans ! Ce seroit grand dommage de les séparer ; ils ne demandent qu'à se joindre.
ERASTE.
Voici Crispin qui revient.

SCENE XV.

MARIAMNE, ERASTE, FROSINE, CRISPIN.

CRISPIN
Au fond du Théatre parlant à Ambroise.

OUI, tu n'as qu'à faire ce que je t'ai dit, & tu seras délivré de la tyrannie de Monsieur le Docteur. Jusqu'au revoir. Adieu.

FROSINE.

Quoi, tu as déja entretenu Ambroise?

CRISPIN.

Je n'avois que deux mots à lui dire. Je l'ai prévenu. Il jouera bien son rolle, & tout ira le mieux du monde. Mademoiselle Mariamne sera dès-aujourd'hui débarrassée de son galant surannée, & mariée à mon maître. Et toi, Frosine, je te permets d'élever ta pensée jusqu'à ma possession.

FROSINE.

Hé comment prétends-tu faire tous ces miracles ?

COMEDIE.

CRISPIN.

Je me déguiserai en Colonel. Mon maître sera mon Major, & comme M. Trousse-galant ne nous connoît point, parce que toutes les fois que nous entrons ici, nous prenons le tems qu'il est chez ses malades, je viendrai le consulter sur une maladie supposée.....*après avoir parlé bas à Frosine*....Hébien, Frosine, toi qui te connois en inventions, que dis-tu de celle-là?

FROSINE.

Je l'aprouve, & c'est tout dire.

ERASTE.

Mais dis-nous donc ce que c'est?

CRISPIN.

Je vous en instruirai. Retirons-nous. Les momens sont chers. Je vais tout disposer pour l'exécution de mon projet. Sans adieu, la belle. Jusqu'à tantôt Grisette. Vous, Major, suivez-moi.

Eraste & Crispin sortent.

SCENE XVI.
MARIAMNE, FROSINE.

MARIAMNE.

ET tu crois, Frosine que l'entreprise de Crispin réussira ?

FROSINE.

Indubitablement.

MARIAMNE.

Ne me laisse pas languir plus longtems. Aprens-moi.....

FROSINE.

Chut. Nos amoureux ont bien fait de sortir. Voici Monsieur Bolus. Secondez-moi seulement, & feignez d'être ravie de l'épouser.

MARIAMNE.

Quelle contrainte !

FROSINE.

Ne vous plaignez pas. C'est en être quitte à bon marché.

COMEDIE.

SCENE XVII.
MARIAMNE, FROSINE, M. BOLUS.

FROSINE.

AH, ah, Monsieur Bolus, nous avons apris de vos nouvelles ! vous voulez donc épouser ma Maîtresse ?

M. BOLUS.

C'est Monsieur le Docteur qui s'est mis en tête ce mariage. Pour moi, je n'aurois jamais pensé à Mademoiselle Mariamne, à cause de la disproportion de nos âges.

FROSINE.

Comment la disproportion ! Vous vous moquez, Monsieur Bolus. Sçavez-vous bien que vous avez toute la fraîcheur d'un homme de vingt-cinq ans.

M. BOLUS.

Oh, pour à l'égard de ça, je suis encore assez verd, oüi.

Frosine lui ôte son manteau, & il paroît avec une serviette noüée autour du corps & une seringue passée dedans.

FROSINE.

Vous êtes tout aimable. Vous avez les traits reguliers, le tein beau, l'air noble, de la bonne grace dans les manieres, & pour la taille, vous en pouvez juger, Mademoiselle ; qu'en dites-vous ?

MARIAMNE.

Il est fait à peindre assurément.

FROSINE.

Cette seringue lui sied à ravir.

MARIAMNE.

Elle lui convient mieux qu'une épée.

FROSINE.

Et l'écharpe la plus galante n'auroit pas meilleur air que cette serviette entortillée.

MARIAMNE.

Voila un homme bien ragoûtant.

M. BOLUS.

Il m'est grandement doux, ma Belle, d'entendre ces paroles de votre propre bouche. Elles distillent dans mon ame un sirop amoureux. Oui, Mignone, je sens naître pour vous deja toute l'inclination que j'avois pour ma défunte femme. Ne vous a-t-on pas dit, Pouponne, de quelle façon nous vivions ensemble, mon Epouse & moi?

MARIAMNE.

Non, je vous assure.

M. BOLUS.

C'étoit une union parfaite que la nôtre.

FROSINE.

Contez, contez-nous cela, s'il vous plaît, Monsieur : c'est ma folie que d'entendre parler de bons menages, ils sont si rares !

M. BOLUS.

Madame Bolus avoit pour moi une affection toute cordiale.

FROSINE.

Vous la meritiez bien, vraiment.

M. BOLUS.

De mon côté, pour correspondre à sa tendresse, j'avois un soin tout particulier de sa santé. Je n'attendois pas qu'elle fût malade pour lui bailler des remedes. Tous les jours par précaution je lui faisois prendre quelque medecine.

FROSINE.

Le charmant petit homme !

M. BOLUS.

Dès qu'elle avoit le moindre mal, je redoublois mes soins & mes receptes. Helas ! la pauvre femme ! elle n'a pas vécu longtemps.

FROSINE.

Je le croi bien.

M. BOLUS.

Elle étoit d'une complexion trop délicate ; mais si elle est morte, je vous proteste que ce n'est pas faute de rémedes.

FROSINE.

Non, c'est plûtôt la faute des rémedes.

M. BOLUS.

Tant qu'il lui est resté un souffle de vie, je ne lui ai point épargné les drogues de ma boutique.

FROSINE.

Ah, Mademoiselle, quel Mari !

MARIAMNE.

Il est bien digne des sentimens que j'ai conçûs pour lui.

M. BOLUS.

Vous me flatez, mon Ange.

FROSINE.

Non, Monsieur, je vous jure qu'elle ne vous flate point.

M. BOLUS.

J'aurai pour vous, Bouchonne, les mêmes soins & la même attention que j'ai euë pour la défunte.

MARIAMNE.

Que cette promesse est engageante !

M. BOLUS.

Tous les jours, soir & matin, je vous donnerai quelque petite douceur.

FROSINE.

Cela lui fera plaisir.

M. BOLUS.

Adieu, bel astre ; je suis obligé de vous quitter pour aller trouver Ambroise. Que j'ai d'impatience de vous voir annexée à ma personne ! Quand j'y pense seulement, j'en suis tout joyeux.

FROSINE.

Vous aimez les plaisirs de l'imagination.

LA TONTINE

M. BOLUS.

Oui, mais j'aime encore mieux les plaisirs topiques.

FROSINE.

Le vieux coquin !

SCENE XVIII.

MARIAMNE, FROSINE.

MARIAMNE.

FRosine, quel mortel ! j'ai pour lui plus d'averſion que je n'ai d'amour pour Eraſte.

FROSINE.

Vous le haïſſez donc bien.

MARIAMNE.

Plûtôt que de l'épouſer, je me ſens capable de me porter aux dernieres extrémités.

FROSINE.

Soyez toujours dans cette diſpoſition. Elle ne nous ſera pas inutile, ſi nous ne pouvons faire les choſes plus honnêtement.

MARIAMNE.

COMEDIE.
MARIAMNE.
Tais-toi, folle. Mon pere vient.
FROSINE.
Continuons à dissimuler.

SCENE XIX.

MARIAMNE, FROSINE, M. TROUSSE-GALANT.

M. TROUSSE-GALANT.

HE' bien, Frosine, dans quelle résolution est votre Maîtresse ?
FROSINE.
Dans la résolution de vous obéir. Oh, vraiment nous avons bien changé de sentiment depuis tantôt. Nous avons fait attention aux discours judicieux que vous nous avez tenus. Sçavez-vous bien, Monsieur, que vous nous avez mises dans le goût des Vieillards.
M. TROUSSE-GALANT *soûriant*.
Tout de bon.
FROSINE.
Demandez à Monsieur Bolus de

quelle maniere nous l'avons reçu. Nous n'avons préfentement des yeux que pour la vieilleffe.

M. Trousse-Galant.

Je ne sçai fi tu parles férieufement, mais dans le fond il eft certain qu'un homme d'un âge un peu avancé vaut mieux que. . . .

Frosine.

Cent mille fois. Je voudrois qu'on me préfentât d'un côté quelque beau vieillard, & de l'autre un jeune morveux de Moufquetaire. Je ne balancerois pas, Monfieur, je vous l'affure.

M. Trousse-Galant.

En effet, un vieillard a mille complaifances pour fa femme.

Frosine.

Eh oüi. Au lieu qu'un jeune homme n'en a que pour celle de fon voifin. Le vieux mari nous laiffe fon bien en mourant, & l'autre ne meurt fouvent qu'après avoir mangé le nôtre.

M. Trousse-Galant.

Cette fille quelquefois ne raifonne pas mal. Enfin, Mariamne, je fuis ravi que vous n'ayez plus de répugnance à épouser M. Bolus.

MARIAMNE *bas*.

Ah, que plûtôt mille coups de poignard....

M. TROUSSE-GALANT.

Que dit-elle entre ses dents de coups de poignard, Frosine ?

FROSINE.

Elle dit qu'elle se poignardera, Monsieur, si on ne lui donne Monsieur Bolus. Elle en est folle au moins.

M. TROUSSE-GALANT.

Voilà une passion qui lui est venuë bien brusquement.

FROSINE.

Et une passion légitime encore.

M. TROUSSE-GALANT.

Mais c'est une fureur, Frosine.

FROSINE.

Assûrement. Quand vous lui auriez défendu d'aimer Monsieur Bolus, elle ne l'aimeroit pas davantage.

M. TROUSSE-GALANT.

Quels Gens viennent ici !

FROSINE.

Ce font deux efpeces d'Officiers.

SCENE XX.

M. TROUSSE-GALANT, MARIAMNE, FROSINE, ERASTE, CRISPIN *déguisé*.

CRISPIN.

JE cherche Monfieur Trouffe-galant. On dit que c'eft une figure bourfoufflée, une figure tenebreufe. Il faut que ce foit vous.

M. TROUSSE-GALANT.

C'eft moi-même.

CRISPIN.

Ah, Monfieur, que je vous embraffe! Comment on ne parle que de vous dans le monde ! On dit que vous êtes un habiliffime, & que vos ordonnances font écrites en beau latin.

M. TROUSSE-GALANT.

Monfieur.

CRISPIN.

Hé qui font ces aimables perfonnes?

COMEDIE.

M. TROUSSE-GALANT.

L'une est ma fille, & l'autre sa suivante.

CRISPIN *va pour les embrasser.*

Pour vous montrer que j'honore tout ce qui vous appartient, je veux aussi les embrasser.

MARIAMNE *le repoussant.*

Tout beau, Monsieur l'Officier.

FROSINE.

Vous nous prenez pour vos hôtesses.

M. TROUSSE-GALANT.

Ces gens-là sont bien familiers.

CRISPIN.

N'avez-vous qu'une fille?

M. TROUSSE-GALANT.

Non, Monsieur.

CRISPIN.

Tant pis. Quand elles sont tournées comme celle-là, la marchandise est de défaite.

M. TROUSSE-GALANT.

Aussi vais-je, Dieu aidant, la marier à un Apotiquaire de mes amis.

CRISPIN.

Fort bien. Vos malades n'ont qu'à s'attendre à beaucoup de clisteres & de purgations.

M. TROUSSE-GALANT.

Ils n'en manqueront pas.

CRISPIN.

Plus je regarde votre fille, & plus je trouve qu'elle vous ressemble.

M. TROUSSE-GALANT.

Vous vous moquez.

CRISPIN.

Foi de Héros, c'est votre portrait en mignature ; vous avez tous deux les mêmes yeux, quoique de couleur différente. Son petit nez deviendra grand comme le vôtre ; visage ovale, visage long, il faut avoüer qu'il y a des ressemblances étonnantes dans certaines familles.

M. TROUSSE-GALANT.

Venons, s'il vous plaît, Monsieur, à ce qui vous amene ici.

CRISPIN.

Vous avez là une servante qui me

lorgne. Il faut que je fois né pour faire le bonheur d'une foubrette, car elles m'agacent toûtes.

M. TROUSSE-GALANT.

Monfieur, de grace, dites-moi qui vous êtes.

CRISPIN.

Je fuis Colonel, & vous voyez avec moi mon Major. Je viens vous confulter fur une maladie.

MARIAMNE *s'en allant.*

Adieu, Monfieur le Colonel.

CRISPIN.

Pourquoi vous en allez-vous les Belles ?

FROSINE.

Nous ne voulons point entendre la converfation d'un Officier qui confulte un Medecin.

SCENE XXI.

M. TROUSSE-GALANT, ERASTE, CRISPIN.

CRISPIN.

JE vous dirai, Monsieur, sans me vanter que je suis autant estimé dans nos Troupes que redouté chez les ennemis.

M. TROUSSE-GALANT.

J'en suis bien-aise, & je vous en félicite.

CRISPIN.

Quand il y a quelque coup hardi à tenter, on en honore mon audace. Demandez-le plûtôt à mon Major.

ERASTE.

Cela est vrai.

M. TROUSSE-GALANT.

Je le veux croire.

CRISPIN.

J'ai donc de la gloire de reste & de la réputation tant qu'il vous plaira;
mais

COMEDIE. 409

mais vous sçavez que le corps n'est pas de fer.

M. TROUSSE-GALANT.

Je vous en réponds.

CRISPIN.

Je rapporte d'Allemagne un asthme que j'ai gagné en poursuivant les ennemis.

M. TROUSSE-GALANT.

La cause de votre mal est glorieuse.

CRISPIN.

Voici de quelle maniere cet accident m'est arrivé. Je rencontre un parti ennemi. Je l'attaque. Il resiste. Je redouble mes efforts. Il plie & prend enfin la fuite. Je le poursuis ; mais tout à coup je me sens obligé de m'arrêter. L'haleine me manque. Je bats des flancs. On dit que j'avois les avives. C'étoit un asthme. Comme en effet je suis Asthmatique depuis ce tems-là.

M. TROUSSE-GALANT.

Bas... Il vient me consulter pour se divertir ; mais je veux me mocquer de lui à mon tour... *haut...* vous souhaitez un remede qui vous soulage ?

Tome I. M m

CRISPIN.

Bien entendu.

M. TROUSSE-GALANT.

J'en ai d'infaillibles que je pourrois vous enseigner, mais je me fais un scrupule de vous guérir.

CRISPIN.

D'où vient?

M. TROUSSE-GALANT.

Je vous conseille de garder votre asthme pour solliciter une pension.

CRISPIN.

Je suivrai votre conseil.

SCENE XXII.

M. TROUSSE-GALANT, CRISPIN, ERASTE, AMBROISE, M. BOLUS la Seringue à la main.

AMBROISE *fuyant devant M. Bolus.*

AU meurtre! à l'aide! au secours! au feu!

M. TROUSSE-GALANT.

Pourquoi tous ces cris?

COMEDIE.

M. BOLUS.

Il a beau faire. Il faudra bien qu'il en passe par-là.

CRISPIN *regardant avec attention Ambroise.*

Que vois-je? Voilà un visage qui ne m'est pas inconnu. Oüi mafoi, c'est lui justement, c'est la Rose. Major ne le reconnoissez-vous pas?

ERASTE.

C'est la Rose lui-même, qui a servi dans notre Regiment, & qui a déserté.

AMBROISE.

Hé, oüi Messieurs, c'est moi. Je vous en demande pardon.

CRISPIN.

Ah, lâche, le hazard te trahit & t'offre à ma vengeance.

AMBROISE.

Mon Colonel, ayez pitié de moi.

CRISPIN.

Di-moi, Marouffle, pourquoi tu as quitté sans congé le Regiment?

AMBROISE.

Mon Capitaine me donnoit tous les

jours tant de coups de bâton que je n'ai pû y resister.

CRISPIN.

Comment ventrebleu, abandonner le champ de Mars pour avoir reçu des coups de bâton ! Pour te venger de ton Capitaine que n'attendois-tu un jour de bataille !.. Hola, Major, faites entrer la Furie & ses Camarades qui sont à la porte.

M. TROUSSE-GALANT à *Ambroise.*

Tu ne m'avois pas dit, Fripon, que tu avois déserté.

AMBROISE.

Je n'ai jamais osé vous le dire, Monsieur.

M. TROUSSE-GALANT.

Dans quel embarras ce miserable me jette !

SCENE XXIII.

M. TROUSSE-GALANT,
ERASTE, CRISPIN,
M. BOLUS, AMBROISE,
Troupe de Soldats.

Un Soldat.
Qu'y a-t-il, mon Colonel ?
Crispin.
Il faut tout à l'heure faire passer cet homme-là par les armes.
M. Trousse-Galant.
Monsieur, je vous prie de lui pardonner.
M. Bolus.
Nous vous en supplions.
Crispin.
Je suis fâché, Messieurs, de ne pouvoir vous accorder sa grace. Mais quand il s'agit de punir le mépris de la discipline militaire, je suis inexorable.

M. Trousse-Galant
Je vous guérirai de votre asthme.

CRISPIN.

Il veut m'ôter ma pension.

M. BOLUS.

Je vous fournirai gratis tous les remedes dont vous aurez besoin pendant votre quartier d'hyver.

CRISPIN.

Non non, qu'on m'expedie ce Drole-là sans differer davantage. Vous allez voir, Messieurs, qu'un pauvre Diable entre mes mains ne languit pas plus long-tems qu'entre les vôtres.

SCENE XXIV, & derniere.

M. TROUSSE-GALANT, M. BOLUS, ERASTE, CRISPIN, AMBROISE, MARIANNE, FROSINE.

FROSINE.

Quel bruit est-ce que j'entends ? quel tintamarre faites-vous donc ici.

AMBROISE.

Intercede pour moi, Frosine. On

veut me faire mourir pour avoir déserté.

FROSINE.

Hé, Messieurs, que ne le laissez-vous entre les mains de M. Trousse-Galant?

MARIANNE.

Accordez-nous sa vie, Monsieur le Colonel.

CRISPIN.

Point de quartier.

M. TROUSSE-GALANT.

Laissez-vous fléchir.

FROSINE.

Nous vous en conjurons tous.

CRISPIN.

Qu'on ne me rompe plus la tête Gardes, qu'on le saisisse.

M. TROUSSE-GALANT.

A part... Je vois bien qu'il en faut venir au fait avec ces gens-ci... haut... Ecoutez, Monsieur le Colonel, je vais vous compter une centaine de pistoles ou environ & qu'il n'en soit plus parlé.

CRISPIN.

Je suis un homme incorruptible.

FROSINE.

Quoi, Monsieur, vous pouvez resister à l'éclat de l'or & d'une belle solliciteuse?

CRISPIN.

Comment, si j'y puis resister! Me prenez-vous pour un homme de robe?

FROSINE.

M. Trousse-Galant a mis dix mille francs à la Tontine sur la tête de ce Garçon-là.

M. TROUSSE-GALANT.

Oüi. Voilà pourquoi nous nous interessons pour lui.

CRISPIN.

Je n'y sçaurois que faire.

FROSINE.

Si vous voulez lui ôter la vie, faites-nous donc périr avec lui.

CRISPIN.

Hé bien soit! qu'on les fasse tous passer par les armes.

FROSINE.

Attendez, Monsieur le Colonel, i

me vient dans l'esprit un moyen d'accommoder les choses.

CRISPIN.

Quel moyen ?

FROSINE.

Epousez ma Maîtresse.

CRISPIN.

Qui ? moi ! Ah parbleu, ma mie, si vous n'avez pas d'autre temperament à nous proposer, la Rose va passer le pas.

ERASTE.

Oh, c'en est trop mon Colonel. Vous devriez-vous rendre à cette condition.

CRISPIN.

Cela est aisé à dire, Major; mais si vous étiez à ma place, le rang de Colonel vous feroit tenir un autre langage.

ERASTE.

Non, foi de Major.

CRISPIN.

Hé bien, épousez-la & je consens à ce prix d'accorder la grace au déserteur.

FROSINE à *Eraste.*

Allons, Monsieur le Major, considerez les charmes de ma Maîtresse.

AMBROISE.

Epousez-la, Monsieur le Major.

ERASTE.

J'ai peu de goût pour le mariage, mais pour faire plaisir à M. le Docteur, je veux bien épouser sa fille, pourvû qu'on me donne une dot considerable. Il n'est pas juste que je prenne une femme qui ne m'apporte rien.

CRISPIN.

Il a raison, Docteur. Il faut par reconnoissance lui faire quelque petit avantage. Cedez-lui, par exemple, dès-à-present la joüissance de tous vos biens.

M. TROUSSE-GALANT.

Je suis votre serviteur. J'aime mieux qu'Ambroise meure. J'en serai quitte à meilleur marché.

FROSINE.

Monsieur le Major, vous paroissez

généreux. Prenez ma Maîtresse aux mêmes conditions qu'on l'a vouloit donner à M. Bolus. C'est-à-dire, pour la moitié du revenu des dix mille francs que M. le Docteur a mis à la Tontine sur la tête d'Ambroise.

M. TROUSSE-GALANT.

Passe pour cela.

ERASTE.

Pour me prêter à l'accommodement je veux bien y consentir

M. BOLUS.

Et moi, je ne m'y oppose point. Je vous rends votre parole, M. le Docteur.

Il s'en va

AMBROISE.

Oüi, mais qui me nourrira du beau-pere ou du gendre ?

M. TROUSSE-GALANT.

Ce sera moi. Je te gouvernerai comme j'ai commencé.

AMBROISE.

Cela étant, j'aime mieux passer par les armes.

ERASTE.

Non Ambroise, non, je me charge de toi. Monsieur le Docteur, j'aurai soin de sa santé, elle sera mieux entre mes mains qu'entre les vôtres.

CRISPIN.

Il me prend tout à coup fantaisie de me marier aussi & d'épouser cette fille-là. *montrant Frosine.*

M. TROUSSE-GALANT.

Quoi, Monsieur le Colonel, vous voulez épouser la suivante après avoir refusé la Maîtresse ?

FROSINE.

Pourquoi non ?

CRISPIN.

Je l'annoblis. Touche-là, Frosine, de soubrette je te fais femme de qualité.

FROSINE.

La Metamorphose n'est pas neuve.

Fin du premier Tome.

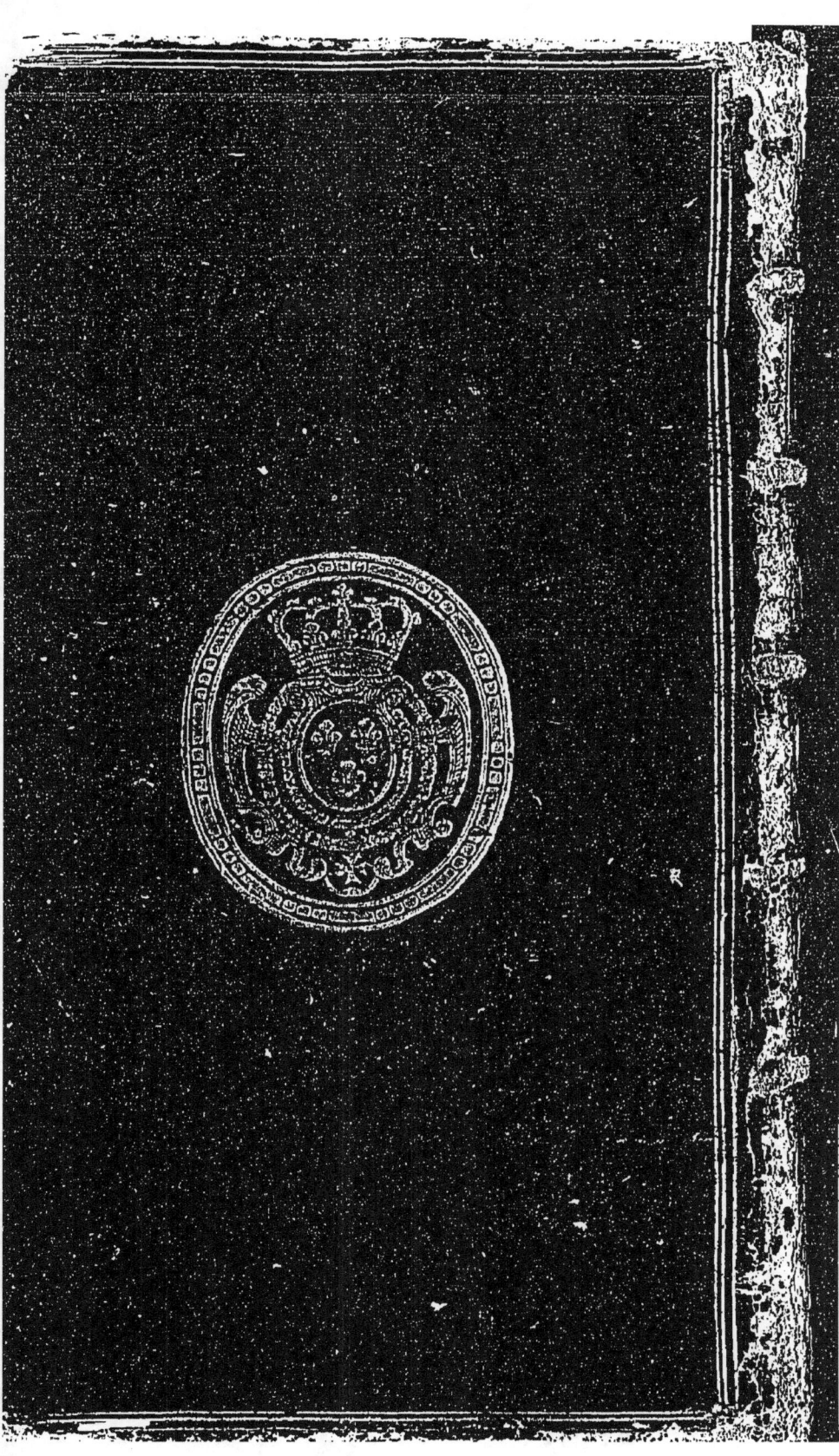

www.ingramcontent.com/pod-product-compliance
Lightning Source LLC
Chambersburg PA
CBHW070931230426
43666CB00011B/2399